担任・学年主任・生徒指導担当者
管理職・教育委員会指導主事、それぞれの役割

「違い」がわかる
生徒指導

滝澤雅彦・藤平敦・吉田順 著

G学事出版

はじめに

　生徒指導の本はたくさんありますが、本書のような類書はありません。校内で何か問題が起きると、その生徒の担任だけでなく学年主任や生徒指導担当者、生徒指導主事、管理職など多くの教師がかかわります。場合によっては、教育委員会の指導主事もかかわるでしょう。

　本書の第1部はその役割がわかるように、**教諭・管理職・教育委員会指導主事**の3人の立場でまとめました。それぞれの立場が違えば、かかわり方もかなり違うのは当然ですから、その違いを知っていただき、同時に他の役職ならばこうすべきだというかかわり方を知ってほしいと思います。

　「チーム学校」を築くためにも、この役割の違いが大切です。

　しかし、生徒指導には立場に関係なく取り組む問題も多く、必ずしも役割の違いを意識せずに対応する問題もあります。特に**担任、学年主任、生徒指導担当者**には明確な役割の分担はなく、お互いが同じ役割をもって取り組む場合があります。そのような問題は、第2部にまとめました。

　初めて生徒指導部になった教師から学年主任、生徒指導担当者、管理職、教育委員会指導主事まで本書が幅広く役立つことを願っています。

滝澤雅彦

藤平　敦

吉田　順

「違い」がわかる生徒指導

担任・学年主任・生徒指導担当者・管理職・教育委員会指導主事、それぞれの役割

目次

はじめに　3

第1部　よくある生徒指導上の問題をどう考えどう対応するか……7

教諭・管理職・教育委員会指導主事

01 「嫌がらせ」や「いざこざ」が多い
―その対応はどうすべきか―……8

02 「いじめ」なのか、ただの「トラブル」なのか
―判断がつきにくい場合の指導―……12

03 金品を取られたり暴力を受けたりした
―重大な被害を受けた場合の対応―……16

04 SNS・ネット上のトラブルがある
―学校としてどう対応するか―……20

05 服装・頭髪などに関する校則をどうするか
―その考え方―……24

06 対教師暴力が起きた
―その後どうするか―……28

07 授業に出ないで校内を徘徊する生徒がいる
―どう対応したらいいか―……32

08 不登校の兆しが見られる
―そのとき担任はどうする―……36

09 全く登校できなくなった生徒がいる
―担任としてどう支援するか―……40

10 特別な支援が必要な子がいる
―担任はどうする―……44

11 外国籍の子どもがいる
―どう支援するか―……48

12 LGBT の子どもがいるようだ
―どう支援するか―……52

13	保護者への対応が苦手で困っている	
	―対応のコツ―	56
14	生徒指導体制を確立するには何が大切か	60

第2部 よくある困った問題をどう考えるか　65

担任・学年主任・生徒指導担当者

01	毎時間のように授業に遅刻して来る子をどう指導するか	66
02	いろいろな理由をつけて保健室に行きたがる子をどう指導するか	68
03	保健室が一部生徒の溜まり場のようになってきたがどう指導するか	70
04	授業中に妨害行為をする子をどう指導するか	72
05	教師に対する暴言をどう指導するか	74
06	トイレのいたずら、落書きなどの破損行為をどう指導するか	76
07	仲間はずれになりがちな子をどう指導するか	78
08	教室がすぐに汚くなるがどう指導するか	80
09	他人に嫌がる行為を頻繁にする子をどう指導するか	82
10	人間関係のトラブルの多い子をどう指導するか	84
11	集会を開いても整列に時間がかかり、私語が多くどう指導するか	86
12	どんな情報を共有し報告すればいいのか	88
13	荒れている子の保護者とどのようにして信頼関係をつくるのか	90
14	生徒指導をどうやって学ぶのか	92

第1部

よくある生徒指導上の問題をどう考えどう対応するか

教　諭
管理職
教育委員会指導主事

01

「嫌がらせ」や「いざこざ」が多い
―その対応はどうすべきか―

　冷やかしやからかい、悪口、仲間はずれ、無視などの「嫌がらせ」や「いざこざ」は子どもの世界ではよくあることだと思います。

　私の所属している中学1年生もとても多く、5クラスあると毎日のようにどこかでは起きていますから、日によっては何件にもなります。生徒指導部の私は経験の浅い教師を援助するために、放課後はその対応に追われています。

　このような「嫌がらせ」や「いざこざ」が起きると、事実関係を確認して指導していますが、何度指導してもその繰り返しです。もう少し効果的な方法はないものかと悩んでいます。

　また、経験の浅い教師には対応の仕方をどのように教えるのがよいのでしょうか。

子どもの世界で起きる些細なトラブルを見逃してはいけない

　子どもの世界では実に多くのトラブルが起きるものです。からかい、冷やかし、いたずら、意地悪、無視、仲間はずしなどの一方的で恣意的なニュアンスをもつ嫌がらせ行為から、いざこざ、けんか、もめごとなどの双方向的なやりとりを伴うものまで多様です。ここではこれらを「トラブル」と呼びます。

　通常、この種のトラブルは小学校では中学年あたりから急速に増え出して、高学年になるにつれて減ります。中学1年生でもまだまだ数多く起きますが、2年生、3年生になるに従い、急速に減るものです。

　それは小さなトラブルをたくさん経験しながら、対人能力は育ってくるからです。1年間の中では4月は案外と少なく、5、6月に増えるのは、最初は希薄だった人間関係が濃密になってくるからです。

　昔なら、まず最初はきょうだいや近所の遊び仲間で経験し、からかいや冷やかしなどの限度を学び、逆に自分もされることにより、自分がしたときの相手の心を理解することができるようになります。ところが、いまの子どもたちはこのような体験が余りないままに育つのですから、相当数のトラブルが起きるのはやむを得ません。

　ですから、本来は経験すべき必要なトラブルであり、むしろ「健全なトラブル」と

第1部　よくある生徒指導上の問題をどう考えどう対応するか
―教諭・管理職・教育委員会指導主事―

も言うべきものです。健全なトラブルを経験しないで、良好な人間関係を保てる大人になることは難しいです。

したがって、学級で多くのトラブルがあるのは当然です。しかし、1年間の中でほとんど減らない、学年が進んでも減らない、という場合は指導に問題があると考えるべきでしょう。まず、見逃していないかを思い出してください。教師側が「それくらいはよくあることだ」「そんな細かなことまで介入しないほうがいい」などと判断してはいないかです。

このトラブルは「本人たちに任せておいても大丈夫だ」とか、「些細なことで重大なことではないだろう」などと簡単に判断することはとても難しいのです。

その結果、いわゆる「いじめ」に発展したり、加害者はいつまでも健全な人間関係を学ぶ機会がなくなってしまったりするのです。

原則として、子どもの世界で起きたトラブルには全て教師は対応すべきです。その結果、些細なことなのか、本人に任せるべきか、などの判断ができます。

もつれた糸を解きほぐすように対人関係を学ばせる

次に、この種のトラブルの対応で大切なことは、仮にどんなに一方的で弁解の余地のないものであってもはじめに教師側の考えを押し付けてはいけません。例えば、「君のやったことは許されることではない！」などと。本音を言わなくなるからです。

本人に重大なことをしたという認識がないうちに、厳しく指導してもまた同じことを繰り返します。人間関係を学ばせないといけません。

トラブルには糸がもつれたように複雑なものがあります。思い込み、勘違い、感情の行き違いなど複雑に絡み合って起きていますから、時間を遡りながら当事者たちの言い分を聞き、事実関係を解きほぐすように確定していきます。

場合によっては、嘘も交じりますから周囲の者からも事情を聞きますので、通常は一つのトラブルの事実を確定するだけで最低数時間はかかります。

事実関係を確定したら、どの場面でどうすれば良かったのかを見つけさせます。これを積み重ねることが、人間関係を学ぶということです（具体的には第2部質問10）。

予防として、普段学級で「仲のいい友達を冷やかすのと、友達ではない人を冷やかすのは全く違う」こと、限度をわきまえないと仲のいい友達であっても失うことになることを話しておくことです。

> **Point**
> ①些細なことだと思っても見逃さない。
> ②時間がかかっても、糸を解きほぐすように事実を確定する。
> ③どの場面でどうすれば良かったのかを見つけさせる。

日ごろから生徒同士の人間関係やトラブルに関する情報を収集し教職員に共有させる

　まず、「嫌がらせ」や「いざこざ」は、容易にいじめや不登校に発展する可能性があるという認識が自校の教職員に必要です。「嫌がらせ」や「いざこざ」はどの生徒にも起こり得ます。ということは、そのような問題を把握するためには、一人の生徒も見逃さない生徒指導体制でなければなりません。

　具体的には、一人の生徒の問題を、全教職員が共有しているという指導体制です。なぜなら、担任が学級の全員のあらゆる人間関係にかかわる全ての問題を把握することは実際には不可能だからです。したがって、担任には、自分の学級の生徒の問題を抱え込まずオープンにすることが求められます。

　しかし、教員のメンタリティの特性として、基本的に真面目で責任感が強いということがあります。経験の浅い教員は、なおさら自分で何とかしなければいけないと考え、抱え込んでしまいます。そして、こじれた後でベテランが見かねて支援することになりますから、ベテランにとっても負担が大きくなります。

　管理職は、そのような教員のメンタリティの良いところは認めつつも、それが問題の解決を遅らせる恐れがあることを、日ごろから経験の浅い教員に丁寧に説いて理解させておくことが必要です。

　特に小学校では、中学校に比べて学級担任が児童とかかわる時間が長いため、担任が学級の問題を抱え込んでしまう傾向が強く、より一層の注意が必要です。

　また、教員だけでなく、主事室や事務室などの職員も、生徒にかかわる問題について知っている必要があります。教員だけで把握するのにも限界があるからです。

　生徒を取り巻くネットワークは多ければ多いほど生徒を守ることになるのです。そのネットワークによる生徒指導体制をつくることが管理職の重要な役割の一つです。

生徒の人間関係に関する情報を担任が抱え込まないよう指示しておく

　校長は、教職員が安心して自分の学級の課題を他の教職員と共有することができる生徒指導体制が重要であることを、面接や校内研修などの中で、日ごろから教員に説いておくことが必要です。

　そのときに、文部科学省国立教育政策研究所生徒指導・進路指導研究センターなどからデータや資料を入手し、教職員に配布し解説すると一層説得力があります。

Point
①校内に、一人の生徒も見逃さないネットワークを張りめぐらせる。
②学級の問題を担任が抱え込まないような学級経営、学年経営を促す。
③話して伝えるだけでなく、具体的なデータを示しながら説得する。

第1部　よくある生徒指導上の問題をどう考えどう対応するか
―教諭・管理職・教育委員会指導主事―

「初期対応」の前に「未然防止」がある

まず第一に「未然防止」を重視する

教育委員会

「いじめ防止対策推進法」（平成25年9月施行）（以下、「推進法」という）の第8条（学校及び学校の教職員の責務）には、「学校及び学校の教職員は、基本理念にのっとり、当該学校に在席する児童等の保護者、地域住民、児童相談所その他の関係者との連携を図りつつ、学校全体でいじめの防止及び早期発見に取り組むとともに、当該学校に在席する児童等がいじめを受けていると思われるときは、適切かつ迅速にこれに対処する責務を有する」と記載されています（下線部は筆者による）。

　一般的に法令等の文書では、先に記載されていることのほうが優先順位は高いとみなされます。したがって、学校や教職員には、まず第一に、「防止」（＝「未然防止」、結果的に、いじめを起こりにくくする）を重視しつつ、「早期発見」（いじめの兆候を見逃さない）や「対処」（発見したいじめへの迅速な対処）を行うことが求められています。

「未然防止」と「初期対応」を明確に区別する

　ただし、ここで注意をしたいことは、「防止」（＝「未然防止」）と「早期発見」を明確に区別することです。「推進法」が制定される前までは、「早期発見」をしていれば、（いじめを）「防止」していると考え、「早期発見」の取組を重視する学校が少なくありませんでした。しかし、「早期発見」をしたときには、たとえ些細なことであっても、いじめが進行しているため、「防止」とは言えないはずです。

　より小さな段階での対応が目的である「早期発見」は、（深刻ないじめに発展しない）予防的な取組であると考えられがちですが、「早期発見」の対象が、いじめの疑いのある児童生徒のみであるため、それは、彼らに対する早い段階での事後対応であると言えます。

〈根拠〉
「いじめ防止対策推進法」第8条

Point

　「いじめ防止対策推進法」第8条（学校及び学校の教職員の責務）に記載されている順番通りに、日ごろから「嫌がらせ」や「いざこざ」が起こりにくくする未然防止を重視することが大切である。

11

02

「いじめ」なのか、ただの「トラブル」なのか
―判断がつきにくい場合の指導―

　私のクラスではよく「トラブル」が起きます。いつも困るのは、それが「いじめ」なのかどうかの判断がつけられないのです。いじめが起きているのに、私の判断能力が低くて「いじめ」と判断できていないのか、とても不安に思います。

　最近も、おとなしいA子さんがB子さんに話しかけたところ、何度か「もう、あっちに行ってよ」と言われて、とても不愉快な気分になったということをA子さんの母親を通じて訴えがありました。

　私は双方から事情を聞いて指導するつもりですが、B子さんには「これはいじめですよ」と指導すべきなのか、A子さんの母親にも「いじめ」として指導しますと伝えるべきなのか、学校長や主任にも「いじめ」があったと報告すべきなのか迷ってしまいます。

　もし「いじめ」として指導するなら、この「トラブル」だと毎日のようにありますから、毎日報告することになります。また、B子さんを「加害者」として指導しますから、B子さん本人と親は納得するだろうかと不安に思っています。

「いじめかどうか」の判断自体が必要ない

　子どもの世界のトラブルというのは、一方的に行われたり双方向的に行われたりしますが、最も多いのはその両方が入り交じったものです。例えば、最初は友達のようにお互いにからかい合っていたが、何らかの理由で立場が替わり一方的に行われるようになることがあります。この場合は、加害者はお互いにやっていた遊びだと言うでしょう。また、最初は一方的にしていた子が途中から一方的にされる側になることもあります。この場合は単純に被害者・加害者が決められません。

　こういう複雑な背景をよく聞き取り事実関係を確定しなければ、当事者たちが納得する指導をすることはできません。ですから、仮に「いじめではないか」と訴えがあっても、事実関係を確定する前に最初から「いじめ」として指導することはできないわけです。

　A子さんの母親の真意は、「『いじめ』として指導してほしい」というよりも、「こう

第1部　よくある生徒指導上の問題をどう考えどう対応するか
―教諭・管理職・教育委員会指導主事―

いうことが起きないような間柄になるように指導してほしい」ということだと思いますから、B子さんの"冷たい態度"の理由を聞くことから指導を始めるべきです。

　一般的には、事実関係も言い分も聞かないうちに「君の行為はいじめです」と指導すれば、いきなり加害者として扱われたのですから反発することになり、指導は難しくなります。「いじめだ」と認識していじめるケースはごく希ですから。

　また、事実関係が確定した段階で、このトラブルがいわゆる「いじめ」なのかどうかがわかることはありますが、実際のトラブルは複雑ですから、双方向的なものを伴っていれば必ずしも「いじめ」と判断はできません。無理に「いじめ」という言葉を使用する理由はないのです。

　大切なことは、起きたトラブルに対応するということです。いじめは、例えばからかい、冷やかし、無視などの具体的な問題として起こるのですから。

どんな些細なことでも報告する体制をつくる

　すでに述べたように、トラブルが些細なことなのか、重大なことなのか、いじめなのか、いじめではないのかは最初に判断することはとても難しいのです。

　そのため「『重大なトラブルやいじめ』は必ず指導部や学年主任・管理職に報告するように」などと決めてあっても、重大だと思わなければ報告されません。

　それは「いじめ自殺事件」で事件後の担任や学校側が、「いじめだとは思わなかった」「ただのトラブルだと思った」という弁明が多いことからもわかります。

　「ただのトラブルだと思った」という判断には、よくあることだから一過性で終わるだろう、指導までは必要ないだろう、という考え方が前提になっていますから、重大なトラブルに至るまで放置してしまうことにつながります。

　そのためには、どんな些細なことでも起きたトラブルは報告する体制を確立しておくことが何よりも重要です。些細なトラブルは毎日起きますから、この全てを学校長に報告する必要はありません。それは生徒指導部が判断をして報告すればいいのです。

　特に若い先生はどんな些細なトラブルでも、最低、学年の生徒指導係に毎日報告するという習慣をつけることです。

　したがって、放課後には必ず生徒指導係が各担任から報告を受けるという習慣がなければいけません。これを繰り返すことによってしか、若い担任が些細なのか重大なのかを判別する能力は育ちません。

> **Point**
> ①「いじめなのかどうか」の判断は必要ない。
> ②起きたトラブルに対応すればいい。
> ③どんな些細なトラブルも報告する体制をつくる。

13

「いじめ」の早期発見・早期対応は、どんな「トラブル」も見逃さない報告・連絡・相談体制から

　「いじめ」は、生徒同士の人間関係に基づいて生じるさまざまな問題が起きると、まず結びつけて取り上げられるほど社会問題化しています。生徒や保護者にとっても、また地域の人々にとっても非常に関心の高い問題です。

　したがって、「いじめ」に対する学校の取組の良し悪しが、学校の教育活動全体や教職員全体に対する信頼や評価に直結します。管理職はまずこのことを念頭に置いて、「いじめ」に対する取組には細心の注意を払わなければなりません。

　そこで、教職員にもこのことを周知徹底することが必要です。特に初期対応を誤ると思いがけない事態に発展する可能性もあります。早期発見・早期対応は「トラブル」から「いじめ」に発展させないための重要な取組です。生徒同士の間で発生するあらゆる「トラブル」についての情報収集は欠かせません。

　そのためには報告・連絡・相談あるのみです。生徒同士の「トラブル」については、どのような些細なことも、見逃さないこと、報告を怠らないことを全教職員に徹底すべきです。そのような自覚をもった全教職員がチームで全校生徒を見守り育てる「チームで動く教職員集団」が、「いじめ」の早期発見・早期対応を可能にするのです。

PTA活動への参加をはじめ、日ごろから教員に保護者との信頼関係を築くよう促す

　保護者にとっても、わが子が「いじめ」の被害者になっていないか、あるいは「加害者」になってないかは、重大な関心事です。特に「トラブル」の当事者の保護者であればなおさら、この「トラブル」が「いじめ」に発展するのではないかと不安になるのも無理からぬことです。教員の指導が、ただ「トラブル」を解決するためだけの指導ではなく、当事者双方の生徒のことを思い、守るための指導であることが、双方の生徒に理解できるような指導であることが大切です。そのような指導であれば、それは生徒を通じて保護者にも伝わり、保護者からも理解されます。

　教員には、このような保護者の心情に寄り添って対応することで、保護者の気持ちも和らぎ、教員の指導を受け入れるようになる、ということを日ごろからアドバイスしておくことが大切です。例えば、保護者と教員の信頼関係の構築のために、PTA活動に対して日ごろから教員を積極的にかかわらせることも有効です。

Point
①全ての「トラブル」を見逃さない報告・連絡・相談体制が「いじめ」を防ぐ。
②「いじめ」の早期発見・早期対応のため「チームで動く教職員集団」をつくる。
③日ごろからの保護者との信頼関係を築くための努力を惜しまない教員を育てる。

第1部 よくある生徒指導上の問題をどう考えどう対応するか
―教諭・管理職・教育委員会指導主事―

「法令上のいじめ」と社会通念上の「いじめ」を分けて考える

　チーム内の運動が苦手な子どもに対して、「おまえがいるから勝てない」などと、継続的に集団ではやし立てる行為などについては、社会通念上の「いじめ」として捉えやすいかと思います。

　では、リレーでバトンを落とした子どもに「何やってんだ！」と皆の前で突発的に怒鳴るようなケースはいかがでしょうか。

　このようなケースは日常的に散見されることでもあり、社会通念上では「いじめ」として捉えないケースが多いと思われます。

　ただし、皆の前で怒鳴られた子どもが、心身の苦痛を感じたのであれば、法令上は「いじめ」に該当するのです（「いじめ防止対策推進法」第2条）。集団生活の場である学校においては、このような偶発的に起こりうる行為について、すべてを「いじめ」として捉えることに違和感をもたれる方は少なくないと思われます。しかし、教師であれば、「いじめ」か否かにかかわらず、皆の前で怒鳴った子どもに対して、「何気ない言葉でも相手を傷つけることもある」ことを丁寧に諭していることでしょう。

　大切なことは、「いじめ」なのか、ただの「トラブル」なのかにかかわらず、教師はその行為に対して適切な指導をすることです。そして、この指導までの経緯を報告することによって、後で、「いじめ」に該当するかどうかを学校として判断すればよいのではないでしょうか。つまり、先に、「いじめ」か否かを判断してから指導をすることでは、対応の遅れなどにもつながりかねません。

〈根拠〉

「いじめ防止対策推進法」第2条（定義）

　「この法律において『いじめ』とは、児童等に対して、当該児童等が在籍する学校に在籍している等当該児童等と一定の人的関係にある他の児童等が行う心理的又は物理的な影響を与える行為（インターネットを通じて行われるものを含む。）であって、当該行為の対象となった児童等が心身の苦痛を感じているものをいう」

〈参考〉東京都教育委員会『いじめ総合対策』【第2次】下巻［実践プログラム編］P.34

Point

　「いじめ」という言葉にとらわれすぎて、教師の行動の本質を忘れてはならない。「いじめ」か否かにかかわらず、子どもが困っていたら、すぐに対応をするのが教師の役目である。

03

金品を取られたり暴力を受けたりした
―重大な被害を受けた場合の対応―

　A君はもう3週間くらい欠席をしています。最近、ようやく理由がわかりましたが、その対応について悩んでいます。

　もともとA君には4人ほどの仲良しグループがいました。ところが数カ月前からグループのB君を中心に遊んでいると、電車代やジュース代をせびられたり、時には大切にしていた物を取られたりして、断ると暴力を受けるようになったそうです。一緒に遊びたくないのですが、学校に行くと断れないため欠席しているそうです。

　ところが、A君とB君たちの言い分は一致していません。さらに、A君の両親は法律の定める重大事態にあたると主張し、学年の先生たちの中には重大事態とは言えないと主張する人もいて、担任の私としてはどう対応すべきなのか混乱してます。

学校の指導の限界を超えるものは警察と連携する

　A君とグループの間でどのようなことがあったのかどうか詳細にわからないのと、学校がどんな指導をしてきたのかどうかがわかりませんから、二つに分けてお答えします。

　いずれも学校として事実関係を把握し、一致した事実と一致しない事実を明確にしておきます。

　①通常は学校にA君の両親から、いきなり「法律の定める重大事態にあたる」と連絡がくることはありません。おそらくA君側は、学校が指導をしても十分な効果がなく継続される恐れがあると判断していると思われます。

　もし、指導にもかかわらず継続していたり、その恐れがある場合にはためらわずに警察と連携しなければいけません。指導の限界を超えているのに躊躇していては、被害者を守ることはできません。

　その場合は、被害者にはよく説明し了解してもらうとより進めやすくなります。加害者には学校として「こうします」と宣言します。

　この場合の連携というのは相談するということですから、この問題の対応自体をお

願いするわけではありません。学校として把握している事実関係や、学校側の指導の効果などを明らかにして相談し、どの部分を警察に指導のお願いをするかなどを相談することになります。

②しかし、もし事実関係の中に重大な暴力（例えば、けがをする）があったり、脅して金品をたかられたりしていれば、犯罪行為ですから警察に通報しなければいけません。この場合の連携というのは相談ではなく通報ですから、警察としての対応をはっきりとお願いするわけです。ここが前述の①との違いです。

もちろん、警察の判断として対応ができないこともあり得るわけですが、仮に犯罪行為として取り扱われなくても効果はありますから、学校が結果を心配する必要はありません。

この場合も被害者と加害者側には学校として、警察に通報することを伝えます。

管理職の判断を仰ぐ

学校現場には未だに警察との連携や法的に対応することに抵抗感が根強く、被害者を守るという確かな手立てがないままに躊躇する傾向があります。管理職の決断が問われますが、警察との連携は最終的には管理職に判断をしてもらうことになります。

そのためには、担任だけでなく生徒指導部として把握した事実関係、指導過程とその結果、被害者と加害者の親とのやりとりなどを学校長に詳細に報告していなければ、学校長は正確に判断できません。

ご質問の中に「A君とB君たちの言い分は一致していません」とありますが、最終的に一致しないのであれば、それを前提にして警察との連携をすればいいのです。また、重大事態にあたるかどうかをめぐって学年の先生たちの意見が分かれているようですが、重大事態の申し立てが保護者からあったのですから、重大事態が発生したものとして対応しなければいけません。

なお、警察と連携しても学校独自の指導は残っています。警察は主として法律に即して指導をするわけですが、学校は相手の気持ちを考えさせたり、今後の学校生活の在り方、放課後や家庭での生活の相談などとたくさん残っています。

また、警察や学校での指導後も見守る必要があります。見守るというのは、被害者と加害者の様子を直接確認したり、本人たちから様子を聞いたりすることを一定期間続けることをいいます。生徒指導部としてそのための体制もとります。

Point
①指導しても繰り返される場合は、警察との連携をためらわない。
②管理職の判断を仰ぐ。
③警察と連携しても、学校としての事実関係の把握や指導は残っている。

重大な事態を想定した生徒指導方針・指導体制を策定しておくように指導する

　恐喝や暴行などの違法行為に対しては、教員による指導だけで完結させてはいけません。警察をはじめ外部の関係諸機関との連携が必要です。それは当該生徒の将来のために必要なことです。悪ふざけやけんかとは一線を画す犯罪行為は、たとえ中学生であっても決して許されることではないことを、当該生徒に学ばせることも学校の役割の一つです。このことを全教員に共通理解させておくことが大切です。

　教員のメンタリティの特徴である強い責任感に基づいて、自分が受け持つ生徒のあらゆる行動に対して全責任を負っているかのように錯覚する教員も少なくありません。

　そのような教員の生徒を思う気持ちは認めつつも、学校教育の指導範囲を超えた重大な事態・行為に対してとるべき方針を明確にし、予め生徒指導方針に盛り込んでおくことで、事態の発生に対しても素早い対応ができます。

　後追いの指導は一貫性を欠くものです。予測される最悪の事態を想定した生徒指導方針と具体策を策定しておくことが必要です。

　また、実際に警察への連絡など、外部の諸機関との連携や導入の判断は管理職の役割です。決して教員任せにしてはいけません。学校の教育活動に対して全責任を負うことができるのは校長ただ一人だからです。

日々の情報共有の必要性を、ことあるごとに繰り返し説き続ける

　重大な事態が発生する前には、必ずその予兆となるいくつかの出来事が発生しています。それを見逃さない生徒指導体制を日々維持しておくことが事態発生の未然防止につながります。

　例えば、本件の場合、担任は、A君が3週間の欠席が続いてからようやくその理由を把握しました。その間、A君本人だけでなく保護者とも連絡をとっていれば、トラブル解決の糸口をつかめた可能性があります。また、その間のB君たち仲良しグループの動向も見逃していた可能性があります。中学校であればA君の欠席が3週間続いたことについて、副担任や他教科の教員からも問い合わせがあって然るべきです。

　このように、担任以外の生徒にかかわる教員のネットワークを幾重にも構築しておくことによって、重大な事態に発展する前に未然に防止することが可能になります。

　管理職は、日ごろから教員がチームで生徒を見守ることの有効性を説いておくことが求められます。

> **Point**
> ①外部機関を導入すべき事案について、具体的な行動指針を策定しておく。
> ②適切な最終判断を下すための事前調査・情報収集を徹底させる。
> ③重大事態の前に必ず発生している兆候を見逃さない指導体制を構築しておく。

重大事態かどうかの判断は組織で行う

「いじめ防止対策推進法」第28条には、「いじめにより当該学校に在籍する児童等の生命、心身又は財産に重大な被害が生じた疑いがあると認めるとき」と「いじめにより当該学校に在籍する児童等が相当の期間学校を欠席することを余儀なくされている疑いがあると認めるとき」のような場合には、重大事態として、学校に組織を設置して、事実関係を明確にするための調査をすることが義務づけられています。

重大事態かどうかの判断は組織で行う

ここで大切なことは、いじめによる重大事態かどうかの判断は、個々の教職員ではなく設置した組織として行うことです。そのため、教職員は疑わしい事案は全て、管理職等に報告・連絡・相談をすることが重要なのです。担任教師がいじめの重大事態であると把握をしていたにもかかわらず、誰にも報告や相談をせずに、一人で抱え込みをしていたために、その子どもが自らの命を落とすという痛ましい事件にまで発展したケースは一つや二つではありません。

逆に、一人ひとりの教職員の報告が子どもを救うことにつながるのです。改めて、日ごろから、学校内に教職員同士が相談しやすい雰囲気をつくることが必要です。

調査結果に不都合なことがあっても、正確に説明をする

また、学校内の組織で行った調査結果において、学校側の対応に、たとえ不都合なことがあったとしても、全てを明らかにして自らの対応を真摯に見つめ直すとともに、子ども・保護者等に対しては、調査結果について、一部分を隠したりせずに、正確に説明を行わなければなりません。

なお、詳細まで把握ができていない中で、軽々に「いじめはなかった」「学校に責任はない」などと判断をしたり、「被害者である子どもやその家庭にも問題の原因がある」などと、被害者の子どもや保護者の心情を害する発言は絶対にしてはいけないことです。

〈根拠〉
「いじめ防止対策推進法」第28条／「いじめの重大事態の調査に関するガイドライン」文部科学省 平成29年3月

Point

重大事態かどうかの判断は、個々の教職員ではなく組織として行う。また、組織で行った調査結果は全て正確に報告しなければならない。

04
SNS・ネット上のトラブルがある
―学校としてどう対応するか―

　私の学校では最近ネット上でのトラブルが2件ありました。
　C子さんは突然SNSのグループからはずされ、悪口を言われているようです。どうしてこんなことが起きたのかには、思い当たることがありました。とても些細なことなのでC子さんは直接話せばわかると思っていたのですが、グループのメンバーは口をきいてくれません。
　D君への悪口や誹謗・中傷が学年の多数の子どもたちが目にするネット上の掲示板に書き込まれました。そのためD君は自分のことがよく思われていないと感じ、学校に行きにくくなりましたが、D君自身には思い当たることがありません。ここまで拡散したため発信元を調べるのも難しいと思うのですが、何から始めればいいのでしょうか。
　このようなSNSやネット上のトラブルには、相手がわからなかったりすることもあり対応が難しく、どう学校が対応すべきか困っています。

SNS・ネット上のトラブルは、現実のトラブルの延長

　関東地方のある生徒指導部の教師は、こう語っていました。
　「最近のSNSの進化にはついていけません。ブログやプロフくらいしか知らなかったが、ライン、ミクシィ、グリー、フェイスブック、ツィッターなどと次々と現れ、ようやく理解できたら今度はインスタグラムなるものが現れてきました。これからも次々と進化していくのに、どう対応すればいいのか頭が痛いです」
　また、マスコミや評論家の論調には「これからの教師はインターネットに詳しく、ネット上のトラブルにも精通していなければいけない」などというものもあり、SNSに詳しくなければ指導がうまくできないとよけいに煽られます。
　実際、教育委員会によってはSNS・ネット上のトラブルの対策として、熱心に研修会を開く例も少なくありませんから、先の教師のように頭が痛くなるのも頷けます。
　しかし、根本的に勘違いしています。SNS・ネット上のトラブルは、実は現実のトラブル（特に学校での）を反映しているに過ぎないのです。つまり、実際に教室で起きているトラブルがSNS・ネット上でも行われているということです。

第1部　よくある生徒指導上の問題をどう考えどう対応するか
—教諭・管理職・教育委員会指導主事—

　例えば、「いじめ自殺事件」には少なからず SNS がいじめの手段として使われていますが、それらは全て教室でのいじめの延長として起きています。学校では人をいじめないで、SNS やネット上でしかいじめないということは通常はありません。

　つまり、SNS・ネット上のトラブルの前にはリアルにいじめが起きています。

　もちろん、ネットの匿名性を利用して根も葉もない誹謗や中傷がしやすくなる、多くの人に拡散してしまう、などというネット特有の危険性はありますが、それも現実のトラブルを反映しているだけなのです。

　それならば、いくら SNS やネットに詳しくなっても SNS・ネット上のトラブルは防げません。次々と進化する SNS やネットに惑わされてはいけません。

　C子さんが LINE からはずされ悪口を言われているのは、現実の学校での人間関係のトラブルなどがあるからです。これを指導することが先決です。相手は予想がつきますから、後は通常のトラブル対応と同じです。

　このようなケースが SNS・ネット上のトラブルの大半です。

他の SNS・ネット上のトラブルは、技術面や予防教育で対応

　それに対してD君のケースは、相手もわからず理由もわかりませんから、一見、難しそうです。この場合には、何の根拠もなく一方的な感情で悪口や誹謗・中傷が書き込まれる場合が多いです。つまり、現実には何もないのに突然ネット上に書き込まれるわけです。

　この場合は介入することに躊躇せずに、発信元を調べることです。

　現在は大概のケースは発信元を調べることができるそうです。もちろん、技術的なことは素人には不可能ですから、警察に相談するか専門機関に依頼します。

　できれば予防教育の一つとして、全校生徒には発信元を調べて対応することを事前に宣言しておくことが必要です。それだけで無用なトラブルは激減するでしょう。

　ご質問のケース以外にもネット上のトラブルにはたくさんのケースがあります。

　例えば、「出会い系サイト」のようなものにアクセスしなければ安全であるという保証はなく、全ての交流サイトの相手は本当は誰なのかはわからないのだから危険であること、ネットは世界中の誰とでもつながっていること、などの「情報モラル教育」を年間に計画的に取り組む必要があります。

　さらに保護者にはネットのリスクを伝える「啓発活動」が不可欠です。

> **Point**
> ① SNS・ネット上のトラブルは現実の教室でのトラブルの延長。
> ②技術的に対応するケースもある。
> ③予防教育や保護者への啓発活動は、学校として計画的に実施する。

21

教員に当事者意識をもたせ、苦手意識を払拭するために、校内研修を充実させる

　デジタルネイティブの時代です。インターネットが一気に世界中に広がったのは、1990年代の後半ですから、いまの生徒たちは、生まれたときからすでにインターネット関係のツールに取り囲まれ、親しみ、ネット社会に生きているといえます。

　ところが、教員はそうではありません。そのために、インターネットに関するツールやデジタル機器に関して、ともすれば生徒たちのほうが詳しいことが多く、技術科の教員や、その方面のことが趣味で詳しい教員以外は、ある意味で気が引けてしまいがちです。現在のように、現実問題として、SNSやネット上のトラブルが頻繁に発生し、生徒たちが巻き込まれる危険がある以上、教員として無関心ではいられません。教員も当事者としてSNSやネット上のトラブルについて対応できなければなりません。

　また、保護者にとっても、子どもたちが親の理解できないネット上の世界の中で、悩んだり苦しんだりしていないかという不安もあり、学校の先生に何とかしてもらいたいというところでしょう。

　そこで、管理職としてはまず、SNSやインターネットコミュニケーションに関する研修を校内研修に明確に位置づけ、自校の教員がネット時代のコミュニケーションツールに関して研修を深めることで、教員の苦手意識を払拭するとともに、教員の取組を生徒や保護者にも伝えることによって、生徒は安心感とともに、問題行動に対して一定のブレーキが働くことにもなります。

　保護者にとっても、「何かあったときには先生に相談できる」という安心感と、生徒たちを守るために学んでくれている教員に対する信頼感にもつながります。

生徒や保護者向けの情報モラル教育に日ごろから力をいれる

　しかし、それだけで生徒をネット上の全てのトラブルから守ることができるとは限りません。教員の手に負えないことも起こり得ます。そのときには、外部の専門機関との連携によって、SNSやネット上のトラブルから生徒を守らなければなりません。

　日ごろから外部の専門機関との連携を図り、いざというときにすぐに対応できる体制を整えておくことです。また、PTAに働きかけ、保護者と問題を共有し、警察や情報関係の専門家を情報モラル教育の講師として招き、生徒を守る取組を日ごろから推進しておくことも必要です。

Point
①教員がSNSやネット上のトラブルについて学ぶ校内研修を推進させる。
②生徒や保護者にもその取組を知らせ、安心感と信頼感を高める。
③外部の専門家や専門機関との連携を日ごろから図っておく。

「ネット上のトラブル」は通常の「トラブル」と同じように考える

　「ネット上のトラブル（いじめ）」に対しては、難しいという固定観念をもたれがちですが、ツールが異なるだけで、基本的な考え方は通常の「トラブル（いじめ）」と同じです。つまり、学校はその時々の状況に応じて、以下のように、「防止」「早期発見」「対処」に分けて対応をすることが大切です（参照8ページ・質問01の解説）。

「防止」（未然防止）

　「ネット上のいじめ」に対する「防止」（未然防止）には、「国は、児童生徒に情報モラルを身に付けさせる指導の充実を図るとともに、ネット上のいじめに対処する体制を整備」（「いじめの防止等のための基本的な方針」）とあるように、日ごろからの「情報モラル教育」が必要とされています。

早期発見

　「いじめの防止等のための基本的な方針」には、「地方公共団体はネットパトロールの実施など、『ネット上のいじめ』に対処する体制の整備に努めるとともに、児童生徒が『ネット上のいじめ』に巻き込まれていないかどうかを監視する関係機関又は関係団体の取組を支援する。また、児童生徒及びその保護者に対する必要な啓発活動を実施する」とあります。ただし、学校単位ではネットパトロールを行うことは現実的には難しいことですので、各学校における「早期発見」については、アンケートや面談等を定期的に行うことが求められます。

対処

　掲示板等への誹謗・中傷の書き込みなど「ネット上のトラブル（いじめ）」が発見された場合には、教職員全員で情報を共有するとともに、学校としての対応方針を明確にして、学校全体で取り組むことが必要です。なお、対応の留意点として、次の3点が不可欠です。

　①迅速に対応する
　②被害児童生徒の心のケアを十分に行う
　③保護者との連絡を密にする

〈根拠〉
「いじめ防止対策推進法」第8条／「いじめの防止等のための基本的な方針」平成25年10月11日　文部科学大臣決定（最終改定　平成29年3月14日）

Point

　「ネット上のトラブル（いじめ）」に対しても、学校はその時々の状況に応じて、「防止」「早期発見」「対処」を明確に分けて対応をする。

05 服装・頭髪などに関する校則をどうするか
―その考え方―

　私が生徒指導主事を務めている中学校には細かな校則が結構あります。教職員から服装や頭髪に関する校則を見直そうという意見が多く、頭を痛めています。
　見直そうと言っても、余りにその方向性がばらばらで、議論を取りまとめて一つの方向性を出すには難しいからです。
　服装・頭髪の規定そのものに否定的な先生から、規定をもっと厳密に指導すべきで、そのためにはさらに曖昧さをなくすべきだという先生や、守らせたくても指導に従わない一部の生徒をどうしたらいいのかという対応の問題を言う先生までさまざまです。
　この状態で議論したところで方向性が出ないのは明白です。多数決で決めることもできず、最後は曖昧な方向性で一致することになってしまい、結局、先生たちは納得をせずに校則指導をすることになるのではないかと心配しています。
　すっきりとした明快な校則や校則指導というものは、ないものなのでしょうか。

教諭

校則にするものと、本人の価値観に任せるものに区別する

　最近、高等学校で「ブラック校則」という言葉が話題となり、「地毛証明書」なるものが物議をかもしていました。また、小・中学校では「学校スタンダード」や「生徒指導規程」という名称で校則をつくり、学習を含めた学校生活全般における教師の指導を統一しようとする動きもあります。
　別の言い方をすれば、これらは「校則問題」ということに過ぎません。特に「学校スタンダード」や「生徒指導規程」の是非を議論すれば、言うまでもなく賛否両論が噴出し、一致することのない非生産的議論が続くでしょう。
　もちろん、生徒指導の世界には「一致した指導」が必要です。また、「毅然とした態度」も必要です。ばらばらの指導では生徒は不公平感を感じますし、「ダメなものはダメだ」という教師の毅然とした態度がなければ、荒れる生徒の行動を抑制することは不可能です。ですから、教師の指導を統一するために校則を重視するという発想が出てくることになります。

第1部　よくある生徒指導上の問題をどう考えどう対応するか
―教諭・管理職・教育委員会指導主事―

　しかし、この考え方の落とし穴は、どんなことに「一致した指導」をするか、どんなことに「毅然とした態度」で指導するかを問わずに、何でも校則として指導したのでは子どもは息苦しくなります。指導がしにくいことは規則化したほうが楽だという教師側の心理も働くのです。

　そこで、これとこれは校則にして教師は一致して厳しく指導するが、一方ではこれとこれは指導はするが、あくまで子どもの価値観に任せるものとに区別します。

　こういう面倒な区別をせざるを得ないのです。当然、後者は指導する教師による個人差や曖昧さなどが生じますが、あくまで生徒自身が判断したのですから、守る子も守らない子も納得します。もちろん、他の子たちに迷惑のかからないものは子どもの価値観に任せることになります。

「なぜ、守らないのか？」を考える

　ところが、先生たちの善意の発想に、頭髪や服装の違反が人には迷惑をかけない些細な行為であっても、それを認めればエスカレートしやがて大きく崩れていくのではないかという考え方があります。

　実際、見た目はそういうことも起きますから、いよいよこの些細な行為を見逃さずに校則化して、全ての教師が指導できるようにしたほうがいいのではないかと思ってしまうのです。これは、初期のうちに非行の芽を摘み取ろうということです。

　しかし、非行の芽を摘み取るには芽だけ摘み取ってもだめです。その芽をつくる原因を見つけない限り無理なのです。発熱の原因を治療せずに、いつまでも解熱剤で高熱を抑え続けているようなもので重大な疾患に発展するでしょう。

　校則を守らないときは、厳しい指導で守らせるのではなく、守らない原因を探るべきなのです。その原因に取り組まない限り、次々と違反を繰り返すだけです。

　ご質問の学校は、「なぜ、守らないのか？」を一度議論してみることが欠かせません。そうすると、「相手にしてほしい」「目立ちたい」「強がりたい」「注目してほしい」「認められたい」などという、誰もが一度は通過する思春期の葛藤そのものであることに気づくはずです。

　「校則指導」は、「いかに守らせるか」よりも「なぜ、守らないのか？」を探ることのほうが結局は近道なのです。そして、このことは生徒指導の土台のみならず学級経営や学年・学校経営の土台でもあり、長い教師生活の基本的な方向性となっていくはずです。

> **Point**
> ①厳しく指導する「校則」と本人の価値観に任せるものを区別する。
> ②何を「校則」にするのかが問題である。
> ③「なぜ、守らないのか？」を探る。

25

「まず校則ありき」の教員の意識を転換することは管理職の役割

　校則に関する議論でしばしば教員が陥りやすい間違いは、「まず校則ありき」から議論をスタートさせることにあります。そもそも何のための校則なのか、誰のための校則なのかを、守ることを義務づけられている生徒が理解していないにもかかわらず、校則を守らせようとすることには無理があります。

　信号はなぜ守らなければならないのでしょうか。「まず信号ありき」だからではないですね。道路交通法の目指すところを知れば、信号の意味が理解でき、信号を守ることが国民を守るためのものであることが理解できるはずです。

　管理職は、校則についても「まず校則ありき」からの脱却を図るよう、生徒指導主事をはじめとした生徒指導部の教員に問いかけるべきです。

　生徒指導は、教科指導と並んで学校の教育活動の柱の一つです。生徒指導基本方針の議論の末に、生徒を守るための約束事としての校則が浮かび上がってきます。それを生徒に示すことにより、生徒だけでなく、保護者にも校則の意味が理解されるでしょう。校則は誰のためのものでもない、他ならぬ生徒自身のためにあるのです。

　だからこそ、校則は、生徒に守らせるべきものではなく、生徒が守るべきものであると、生徒自身が理解し、納得する学校をつくること、それが管理職のミッションの一つです。

生徒指導は、教科指導と並び学校の基本方針の一つであることを常に念頭に置く

　「そんな甘いことを言っている場合ではない」という教員の声に対して、信念をもって説得することができるのは管理職だけです。なぜなら、そのような生徒指導方針が学校経営の基本方針の一つだからです。

　その姿勢こそが教員を動かします。その結果、生徒はもちろんのこと保護者も校則の意味、すなわち学校の生徒指導方針、言い換えれば生徒のことを思う気持ちを具現化したものに共感し、校則を守らせる側から子どもに向き合うことができるようになるでしょう。

　校則は教員のためにあるのではない、生徒を守り育てるためにある、という当然の視点から、生徒の実態に応じた生徒指導方針を見直し、改善し、生徒と保護者に評価してもらいさらに改善を進めることこそが、生徒指導のマネジメントということができるでしょう。

Point
①校則とは何のためにあるのか、という議論から出発する。
②生徒指導が、教科指導と並び学校教育の柱の一つであることの共通理解を図る。
③生徒指導のマネジメントサイクルを回すことが管理職の役割。

服装・頭髪等に関する校則の意義を、明確にする必要がある

校則の教育的意義

　本来、服装・頭髪を含めた校則は、子どもが健全な学校生活を営み、よりよく成長していくための行動指針として、各学校で定めるものです。学校が集団生活の場であることなどから、社会規範の遵守についての指導を行う上で、学校には一定のルールや決まりが必要です。つまり、子どもたち一人ひとりの社会的自立を目指している学校教育においては、子どもに、決められたルールや決まりを守ろうとする態度を育むことが不可欠です。その意味からも、校則には教育的意義があります。

トラブルになる要因

　子どもの服装や頭髪に関する校則の在り方をめぐっては、これまでも、学校と家庭でトラブルになる例が散見されます。具体的には、「頭髪違反の子どもの写真を卒業アルバムからはずす」「地毛（茶色）であるにもかかわらず、スプレーで黒色に染められた」などです。トラブルになる要因は、「なぜ、服装や頭髪に関して、このように規制する必要があるのか」ということを、子どもや保護者に適切な説明がなく、また、彼らが十分に理解をする前に、学校が一方的に服装・頭髪の校則を押しつけているなどが挙げられます。近年では、外国籍の子どもが増加してきており、「頭髪に関する規制は人権侵害である」などと、国民からの批判を招く事態も少なくありません。

地域住民の声にも耳を傾ける

　このようなことから、文部省（現文部科学省）は1980年代末より都道府県教育委員会を通して、各学校に校則の見直しを促してきました。その結果、各学校では、校則を見直すための委員会を組織したり、アンケート等で子どもや保護者の意見に耳を傾けようとしたり、子どもたちが自らの問題として校則についての話し合いをする場や機会を設けるなど、校則の見直しを積極的に行う傾向が強まってきています。

　今後は、服装・頭髪を含めた校則は、子ども、保護者はもちろんのこと、地域住民の意見を踏まえたものである必要があります。なぜなら、これからは、家庭はもちろんのこと、地域全体で子どもを育むことが、より重視されているからです。

〈根拠〉
『生徒指導提要』文部科学省／文部省初等中等教育局高等学校課長・文部省初等中等教育局中学校課長通知「校則見直し状況等の調査結果について」

Point

　今後は、地域全体で子どもを育むことが求められることから、服装・頭髪を含めた校則は、地域住民の意見を踏まえたものである必要がある。

06

対教師暴力が起きた
―その後どうするか―

　つい先日、ある先生に対し中学2年生の生徒が暴力を振るいました。授業中に立ち歩いたり大声で周りに話しかけたりしたため、教科担当の先生がその生徒に歩み寄って厳しく注意したところ、胸ぐらをつかんできました。

　先生は「やめなさい」とその生徒の手を取って振り払ったため、興奮した生徒は軽く先生の腹を蹴ったりしました。指導の結果、非も認め謝罪もしました。

　私の知る限り、本校では対教師暴力はこの10年では初めてなので、その後の法的対応についての意見もさまざまです。

　病院に行くほどのけがではないこと、非も認め謝罪もしたこと、両親も二度と暴力は振るわせないと言っていること、初めて暴力を振るったこと、先生の側にも興奮させないような配慮に欠けていたこと、などを理由に法的な対応はすべきではないという意見から、暴力に関してはケースバイケースの対応や例外規定は認めるべきではなく原則として法的対応をすべきだという意見まで、実にさまざまで困っています。

軽重を問わず対教師暴力には「法的対応」をする

　一般の人たちからすると、対教師暴力などはかつての「校内暴力期」(1970年代後半～80年代半ば)のことであり、いまは昔の話だと思っています。これに近い印象を抱いて教師になると愕然としてしまうようです。

　少なめに計算しても、年間で200日程度の授業日数で約8,000件を超える対教師暴力が一貫して発生していますから、毎日30件以上が日本のどこかの小・中・高校の学校現場では起きているのです。

　しかも、これは学校が教育委員会に報告したものだけですから、この統計から漏れた対教師暴力は何倍もあるとみて間違いありません。教育委員会にも報告せざるを得ない対教師暴力は、ある日、突然起きるわけではなく、ご質問の学校のように軽微な暴力が積み重なって起きるのが常ですから、実際には何倍も起きています。

　ところが、いまは「いじめ問題」ならば報道されますが、対教師暴力は報道されませんから、学校現場の対教師暴力がこんなに多いという実感がないのでしょう。

第1部　よくある生徒指導上の問題をどう考えどう対応するか
—教諭・管理職・教育委員会指導主事—

　ご質問の学校は「法的対応」に迷っている典型的な学校です。結論を言うと、対教師暴力に例外をつくってはいけません。あくまで学校の課題として抱えて、「法的対応」はとらないという考えですが、どんな暴力にも学校は不退転の決意をもって被害者の教師を出さないという確かな保証がなければ、暴力の放置という無責任な学校になってしまいます。

　私自身もこのような学校を経験し、その後、多数の学校（特に中学校）を見聞きしてきましたが、「法的対応」の道をとらずに暴力が横行した荒れる学校を立て直した例や安全・安心を維持している学校は、きわめて希です。

　対教師暴力は他の問題行動とは違い、これを許すとどんな無法も通る学校になります。

「法的対応」への誤解がある

　しかし、ご質問の学校のように校内の問題を警察に依頼することには、教師に迷いがあるのは当然です。特に、大きなけがの伴わない軽微な暴力には迷いがあります。

　ところが激しい暴力を起こす前には、まずこの軽微な暴力を起こしますから、軽微であることや非を認めたからという理由で「法的対応」を避けていると、一部生徒の暴力的な言動を予防することは相当難しいのが現実です。

　軽微の基準は曖昧で、本当に反省したかどうかもわかりませんから、事実上、賛否両論が出てしまうことになり、結局「法的対応」を見送るのが現実です。

　ですから、対教師暴力には原則として「法的対応」をすることを確立しておく必要があるのです。その上で例外的な場合だけは協議すればいいのです。

　また、「法的対応」に躊躇してしまうのは誤解もあるからです。「法的対応」と言うと、教え子がすぐに厳罰に処せられ少年院や施設に入れられることをイメージしますが、全く違います。警察の仕事には犯罪を見つけ罰する仕事もありますが、少年の非行防止という仕事もあり、実際に私も随分と多くの事件で警察とかかわってきましたが、説諭を中心に気の長い指導や、その後の見守りまでしてくれます。重大な犯罪に至らないように手を尽くしていることは案外と知られていません。

　また、対教師暴力そのものが発生しないように事前に「法的対応」を宣言しておくことも大切です。子どもには「それをすると、こうなる」という壁も必要なのです。

　もちろん、普段から見放さない指導や親身になった相談などが大前提で、それでも対教師暴力を起こしたら、躊躇せずに「法的対応」をとらなければいけません。

Point

①軽微であっても、対教師暴力を軽視してはいけない。

②「法的対応」の誤解を解く。

③学校として「法的対応」を確立しておく。

暴力を許さない学校風土を構築しておく

学校は暴力を容認する場ではありません。生徒同士のトラブルにおいてはもちろんのことですが、生徒と教師の間にも暴力が介在してはなりません。教師が生徒に対する体罰を禁じられていることと同時に、生徒も教師の正当な指導に対して暴力で立ち向かうことは許されないのです。

暴力が容認される学校では、教師は安心して生徒指導に取り組むことはできません。生徒指導は教科指導と並んで学校教育の柱の一つです。全ての教員が職務として取り組むことができなければなりません。暴力を許さない生徒指導体制をつくり上げなければなりません。

教師は、学校教育に暴力は相容れないものであることを日ごろから生徒たちに指導することが求められます。学校は、何かトラブルがあった場合に、それを暴力によって解決しようとすることは間違っているということを生徒に教える場でもあります。暴力は犯罪です。学校は社会に出る前に人としての基本を学ぶ場であるからです。

そのことによって、生徒は、将来何か問題に直面したときに、何事も暴力によっては真の解決には至らないことを学ぶことになります。また、教師は、一部の教師が生徒指導を担当するのではなく、男性・女性、あるいはベテラン・初任者にかかわらず、全ての教師が安心して自信をもって生徒指導に取り組むことができるようになります。

このことを日ごろから教師、生徒ともに徹底して理解している学校風土を築くことは管理職の重要な役割です。

生徒指導基本方針の中に明記し、年度当初に周知徹底しておく

そのためには、生徒指導基本方針の中に、生徒同士のトラブルの解決に関してだけでなく、生徒の対教師暴力に対しても毅然とした対応をとることを明記し、そのことを年度当初に全教職員に徹底しておくことが大切です。また、その際、場合によっては警察を導入することも躊躇わない、ということを明記しておくことも大切です。

管理職には、全教職員を守ることがミッションの一つだからです。

そしてさらに、この方針を年度当初に全校生徒に対して説明し理解させるとともに、保護者会でも、学習指導と並び重要な説明項目として、生徒指導の基本姿勢をしっかり説明し、理解を得ておくことが必要です。

このような対教師暴力を絶対に許さない仕組みづくりを生徒指導主事に指示し、組織として対教師暴力を未然に防止するマニュアルを策定しておくのです。

Point

①年度当初に、生徒・保護者に生徒指導の基本方針をしっかり伝えておく。

②暴力行為が発生した場合には、躊躇なく警察に通報する。

③校長は、事後できるだけ速やかに、全校生徒と保護者に対して丁寧に報告する。

子どもの状態に応じて、対応することも必要

教師への暴言も含めて、対教師暴力への対応については、危機介入の考え方を踏まえて、子どもの状態における教師の対応モデル（表1）を示してみたいと思います。

表1　子どもの状態と教師の対応モデル

	①	②	③	④	⑤
子どもの状態	平常時	モヤモヤ	イライラ	プッツン	ガックリ
教師の対応モデル	約束事などの周知（一斉指導）	カウンセリング的対応（落ちついて話をする）	毅然とした対応	静観	カウンセリング的対応（説教ではなく、話を聴く）

参考『学校の危機介入』ゲイル・D・ピッチャー／スコット・ポランド著　上地安昭／中野真寿美訳、金剛出版、2000、pp.84-121 を基に筆者が作成

①の段階では、教師の役割として、その教育活動内におけるルールや約束事などを全員に周知をすることでしょう。

②の段階（暴言や暴力行為にまでは発展しない段階）では、教師が威圧的な態度ではなく、落ちついて話をすれば、次のイライラ状態に発展する割合も低いでしょう。

③の段階（暴言が発せられる場合もある段階）では、「カウンセリング的」な対応が有効であると思われがちですが、むしろ、「毅然とした対応」が必要でしょう。ただし、「毅然とした対応」とは、声を荒げたり、威圧的な態度で対応することではなく、「子どものイライラ状態を助長させる言い方は避けながらも、設定しているルールを変えないこと」や、子どもが理性を取り戻すような問いかけなどをして、興奮状態の沈静化をしたいところです。

④の段階（いわゆる「キレ」て、暴力行為を行うなどの状態）では、言語的介入の効果が薄く、凶器を伴うような二次被害に発展する可能性があります。この段階では、周囲にいる子どもたちを遠ざけるとともに、静観をする必要があります。

⑤の段階（子どもは徐々に落ち着きを取り戻し、自分の行為を振り返りガックリした状態）では、児童生徒の話をじっくりと聞いてあげるような対応が有効でしょう。

なお、下線部は、『生徒指導提要』等で、暴力行為等の対応で重視されています。

〈根拠〉
『生徒指導提要』文部科学省

Point

暴力行為については、「毅然とした対応」と「カウンセリング的対応」のどちらか一方で対応するのではなく、その時々の子どもの状態に応じて、対応方法を使い分けることが必要である。

07

授業に出ないで校内を徘徊する生徒がいる
―どう対応したらいいか―

　私の学校ではここ数年、授業に出ないで校内を徘徊する生徒が何人かいて、その対応に頭を悩ませています。徘徊の結果、廊下で大声を出したり、注意する教師とトラブルが起きます。対教師暴力が起きそうなこともあります。
　先生たちはパトロールなどで空き時間がなくなり、仕事にも支障があります。解決できる見通しがあるならば頑張ることはできるのですが、今年の1年生にもそれを真似しようとする生徒が出始め、このままではまた同じことを何年も繰り返しそうです。
　本人を説諭するのはもちろん、保護者の協力ももらい取り組んでいるつもりですが、いっこうに効果がありません。
　この現状を打開するにはどのようなことをすればいいのでしょうか。

3年かけて取り組む覚悟

　学校が荒れると対教師暴力、生徒間暴力、器物破損行為などが起きます。これらは文科省が毎年「児童生徒の問題行動・不登校等生徒指導上の諸問題に関する調査」として発表していますから、およその傾向がつかめますが、「校内徘徊」（授業に出ずに廊下や校舎内をうろつく）という問題行動の実態は調査の対象ではないので、正確な実態はわかりません。
　ところが、この校内徘徊は学校を悩ませている最大の問題と言っても過言ではありません。ご質問のような問題は日本全国の中学校ではあちこちで起きていて、この徘徊の中で対教師暴力や器物破損が起きる例も少なくありません。つまり、校内徘徊と荒れる学校は密接な関係があるのです。
　また、一般生徒が落ち着いて授業を受けられるようにするために、全ての授業中に教師が廊下や保健室などに張り付き、指導を余儀なくされています。そのため荒れた学校では教材研究も休憩も保障されず、過酷な環境の中で勤務しています。
　これは何も最近の傾向ではなく、校内暴力期から今日まで普通に見られる現象にすぎません。むしろ、この傾向はいまや小学校にも見られるようになりました。
　これほど重要な問題にもかかわらず、残念ながら特効薬というものがありません。

第1部　よくある生徒指導上の問題をどう考えどう対応するか
―教諭・管理職・教育委員会指導主事―

それはいったん校内を徘徊するようになると、教室で長時間の授業を受けるようになることは余程のことがない限りないからです。

わかる喜びを味わったことがなく、友達とのまともな人間関係を築けず、退廃的で刹那的な文化にしか興味のもてなくなった子には、授業は魅力がなく耐え難い苦痛の連続です。それよりも、仲間と校内を徘徊して好き勝手なことをやったほうが魅力的なのです。ですから、一朝一夕にこうなってしまったわけではありません。そこには、幼少期の家庭生活の在り方、親子関係、学校生活の在り方などが深く関係しています。

その結果、徘徊の道を選んだのですから、簡単には元の地道な道に戻ることはできません。実際、私自身の経験や見聞きしてきた範囲でも、いったん徘徊した生徒が数カ月続いていたにもかかわらず、元に戻った例はごくごく希れです。

ましてや、ご質問の学校のように上級生にも徘徊者がいれば、なおさらその刺激を受けて真似をしますから、解決はさらに難しくなります。

もはや3年かけて徘徊者をなくす長期戦を覚悟します。この根深い問題に手をこまねいて右往左往するよりは、3年かければ解決できる現実的な道を選ぶべきです。

最初の徘徊を見逃さない

まず1年生からは新たな徘徊者を出さないように頑張ります。すでに徘徊生活に浸ってしまった子よりも簡単です。これを繰り返せば最長3年でゼロになります。

徘徊はある日、突然起きるのではなく、必ず前兆があります。例えば、完全に学習意欲が失われて騒ぐ、寝ているなどが前兆です。こういう子は当然徘徊している先輩がいれば憧れます。「俺も来年はああいうふうになりたい！」と。もちろん、家庭生活にもすでに何らかの問題が出ているのが普通ですから、親と取り組みます。学習の個人指導が必要ですから、親の協力をもらって取り組みます。

同時に、このような子たちに共通しているのは"質問05"でも述べたように「相手にしてほしい」「目立ちたい」「強がりたい」「注目してほしい」「認められたい」という欲求が満たされていないからです。この欲求を満たすには、家庭生活や学校生活の中に満たされる場を見つけたり、意図的につくることです。例えば、家庭に親子の絆を感じるような場面をつくったり、学校で活躍できる場をつくったりします。そうすると、相手にされ注目されているという実感がもてるようになるのです。

もちろん、いま徘徊している上級生にも諦めずにこの取組をします。

> **Point**
> ①校内の徘徊を軽視すると、学校は荒れる。
> ②徘徊が常態化したら3年かける覚悟が必要。
> ③「相手にしてほしい」「目立ちたい」という欲求を満たす場をつくる。

事後指導に追われる生徒指導体制からの脱却を図る

管理職

授業中、生徒が突然、教室を出ていった場合の教員の行動指針について、予め定められていない場合には、その場、そのとき、その教員ごとの対応に任せるしかありません。それは生徒指導とは言いません。授業者は授業を継続し、授業のない教員が総出で徘徊をやめさせて集め、説諭し、個別の学習課題を与えるなどによって授業時間を過ごさせるしかありません。同時に、保護者に連絡し、学校の対応を説明し、その後の過ごし方について協議することになります。管理職は、そのような個別の事情に応じた対応について一つひとつ判断し、指示を出すことが求められます。

こうして、本時はとりあえず収束させるとしても、次の時間、あるいは明日また同じことが繰り返され、教員は疲弊し、徘徊しないで教室にとどまっている生徒にも、さらには保護者にも、教員の指導に対する不信感等、さまざまな影響を与えます。

管理職は、教員の授業規律の確立と徘徊等の行為に対する初期対応と未然防止についての行動指針を早急に作成し、直ちに行動に移さなければなりません。

全ての生徒にとって自分の居場所のある学校生活を過ごさせる工夫と努力を

授業規律の確立が生徒指導のベースになることを全教職員が理解し実践する生徒指導体制を構築することが、管理職の役割です。それは生徒指導主事と生徒指導部を中心とした全教職員による共通理解に基づく体制でなければなりません。

まず、わかる授業、わかってしかも楽しい授業であることが前提です。そのような授業であれば生徒は誰も教室を出ようとは思いません。管理職は、全教科の指導方法を工夫・改善すること、そのために努力することを求めることが第一です。

その上で教室を出た生徒の対応の方針をつくります。空き時間の教員だけでは手が足りないこともあるかもしれませんね。その実態を正しく当該生徒の保護者やPTAの役員に伝え、協力を求めるのです。管理職は、それが決して教員の努力不足ではなく、教室を出ることをせずにしっかり授業を受けている生徒を守るために必要なことであることを、自信をもって依頼してください。

しかし、それでも授業に居場所を見出せない生徒が出ることを予想すべきです。そのような生徒のための居場所づくりも用意しておかなければならないでしょう。そのための場所と人材確保も管理職の大事な役割です。

このような問題は小学校のときからの授業規律の確保とも関連します。小学校との情報交換も、まず管理職が橋渡ししておくことが求められます。

Point
①授業規律に裏付けられた魅力ある授業づくりが生徒指導の土台。
②全ての生徒のための居場所と活躍場所のある学校生活を用意すること。
③小学校との授業に関する情報交換と連携を進め、未然防止に努める。

第1部　よくある生徒指導上の問題をどう考えどう対応するか
　　　　―教諭・管理職・教育委員会指導主事―

校内を徘徊する理由を明らかにするために、子どもの声に耳を傾ける

　子どもが授業に出ないで校内を徘徊するのは、子どもによってさまざまな理由があると思います。このような子どもに対して、適切に対応するためには、次の点を抑えておく必要があります。

校内を徘徊する理由を明らかにする

　授業中に校内を徘徊する子どもたちに対して、怒鳴りつけたり、威圧的な態度で無理矢理、教室に連れていったりしても、根本的なことに対応しない限り、本質的な解決には至らないでしょう。①「特定の授業時に徘徊をするのか？」、②「学校や教師に反発をしているのか？」、③「授業がつまらないのか？」など、授業中に徘徊する理由を明らかにするために、一人ひとりの子どもの声に真剣に耳を傾けることが大切です。子どもの話を途中でさえぎったりせずに、最後まで真剣に聴くことで、子どもは「自分のことをわかろうとしてくれた」「自分のことを本気で考えてくれた」「自分の気持ちを大事にしてくれた」と感じるのではないでしょうか。

授業中に一人ひとりの「居場所」をつくる

　さまざまな理由により、授業中に校内を徘徊する子どもがいたとしても、常に教師が心掛けることは、子どもたちにとって、「魅力ある授業」をすることではないでしょうか。では、「魅力ある授業」とはどのような授業でしょうか。それは、子どもたちにとってわかりやすい授業であることはもちろんのこと、授業中に一人ひとりの「居場所」がある授業であるとも言えます。つまり、勉強が得意な子どもだけが「居場所」があるのではなく、勉強が苦手な子どもであっても、自らの頭で考えて、自らの言葉で表すような活動ができる授業には「居場所」を感じることができるでしょう。

　このような授業を改訂された「学習指導要領」では求めています。勉強が苦手な子どもが授業中に「居場所」を感じられるためには、たとえ発言を間違えたとしても、周囲が馬鹿にしたり、あざけり笑うような雰囲気があっては、当然、一人ひとりの子どもの「居場所」ができないことは言うまでもありません。

〈根拠〉
『生徒指導提要』文部科学省／「学習指導要領」文部科学省

Point

　常に教師が心掛けることは、子どもたち一人ひとりの「居場所」がある「魅力ある授業」をすることである。このことは改訂された「学習指導要領」で求めていることである。

08

不登校の兆しが見られる
―そのとき担任はどうする―

　私の学級にこの数カ月で断続的に休み始めた子がいます。中学１年生のときは欠席は年間で10日程度でしたが、２年生になり増え始めてここ数カ月は週２日は休みます。

　最近はその傾向が顕著に見られ心配しています。

　欠席した日は必ず連絡をとり、翌日の登校を促すとたいていは来ますが、私が忙しくてうっかり忘れたりすると２、３日続けて休みます。

　明らかに不登校の兆しがあるのですが、本人や親と相談しても明確な理由や原因はわかりません。

　おそらくこのままでは、近いうちに私が登校を強く促しても来ないようになるような気がします。そうならないうちにいまできることをやりたいのですが、どんなことに気をつけて取り組めばいいのでしょうか。

　本人はおとなしいタイプで、友達は数人ですがいます。

この段階では登校を積極的に促す

　一時期、いわゆる「登校刺激」はよくないという考え方がありましたが、実際には積極的な「登校刺激」によって登校できるようになったケースを現場の教師は誰もが経験しているはずです。

　そのためには、断続的な欠席が始まったらすぐに原因や理由を探る姿勢が必要です。不登校のきっかけや原因・理由には、友達関係をめぐるいざこざやもめごとが多いものです。もし、「いじめ」ならば即刻、対応を約束して事実確認をします。友達とのいざこざやもめごとであれば、仮に本人に原因があった場合にはその解決方法を一緒に考えます。まずは、原因や理由を取り除く取組です。

　しかし、不登校のきっかけや原因・理由は本人もわからなくはっきりしないことが多いです。この場合はいくら本人を問い詰めても無理ですから、やや時間がかかります。

　それでも、断続的な欠席をする初期は積極的にかかわり、「君が来るのを待っている」というメッセージを送るべきだと思います。もちろん、叱ったり厳しく促したり

第1部　よくある生徒指導上の問題をどう考えどう対応するか
―教諭・管理職・教育委員会指導主事―

するのではなく、「来てほしい」という友達の声を伝えたりできるといいのです。

　具体的には、担任は見捨ててはいないというメッセージを伝えるために、授業のプリントや学校の配布物を届けたり、欠席した授業の自学自習の計画を立てさせて、取り組んだ内容はノートに教科担任の助言をもらいます。

　ただし、これを担任だけで取り組むとなるとかなりの負担ですから、保護者・本人と相談して生徒指導主事や学年主任などとの「かかわり方」を決めておきます。

　また、本人が望まないこともありますから、「かかわり方」のレベルも事前によく相談しておかなければいけません。

　行事があれば役割を決めて、学級の一員として認めていることを示します。

　また、仲のいい同級生がいれば朝一緒に来させたり、休み時間などに不安を感じているならば、一緒に行動させるという方法も効果がある場合があります。

　いずれにしても、この断続的な欠席をする時期は見捨てられたという感覚を抱かせないように、積極的にかかわったほうが立ち直る例が多いです。

段階的に、例えば保健室登校を促す

　機会があるごとに登校を促しますが、段階的な登校としては保健室への登校が現実的でしょう。この場合は担任だけでなく、養護教諭はもちろん生徒指導主事、スクールカウンセラーや各教科担任の協力も必要になります。

　本人の希望を確認しながら、1教科でもいいから教室の授業に参加できる授業がないか相談します。

　さて、ご質問のケースはすでに断続的な欠席が数カ月続いているのですから、初期の取組としては遅すぎたと思います。恐らく原因や理由にこだわっていたのでしょうが、原因や理由にこだわってはいけません。「いじめ」や明確なトラブルなどがあったのでなければ、原因や理由をまず取り除くという考え方をしてはいけません。原因や理由がわからなくても、初期の不登校は治ることがあります。

　また、通常は保護者も心配しているはずですから、保護者との相談も大切にしてスクールカウンセラーなど専門家もかかわるのがいいと思います。もし、家庭や親子関係などに原因や理由があるとすればなおさらです。

　不登校の対応は、担任にたくさんの対応経験がなければとても難しいものですから、周囲の経験のある先生たちによく相談をしなければいけません。

▶Point

①初期は積極的に登校を促すが、かかわり方は保護者・本人とよく相談する。

②具体的な原因や理由にはすぐに対応する。

③完全な登校が無理なら、保健室登校も考える。

何事も担任が抱え込まない開かれた学級経営を全校で推進する

　不登校は、いじめと並び生徒指導上の最大の課題の一つであるだけでなく、いまや社会問題の一つとして扱われることもある国民の関心事でもあります。そうであるだけに、どの学校においても一人でも不登校の生徒をこれ以上増やさないことを生徒指導上の課題と位置づけて取り組んでいるのではないでしょうか。

　不登校にも早期発見・早期対応と未然防止の二つの視点からの取組があります。

　まず、不登校の早期発見は簡単です。欠席が続き始めたら手を打てばよいのですから。しかし、その早期対応がなかなか難しいのです。なぜなら、担任が自分の学級の生徒に関することは自分が何とかしなければならないと、抱え込んでしまうことが多々あるからです。学級では毎日、何らかの問題が生じています。気になった欠席も、日々の諸問題に紛れて、手を打つことが遅くなってしまうことがあります。それは担任が真面目で責任感が強いからこそ生じてしまう問題でもあります。担任を責めることはできません。

　不登校の早期発見・早期対応のためには、担任が学級の問題を抱え込まず、副担任、他教科の担当者、部活動の顧問等、担任だけでなく多くの教員の目で一人ひとりの生徒を見守る、開かれた学級経営を進めさせることが管理職の役割です。

新入生の受け入れと、学年進行の際の取組が未然防止の第一歩

　生徒が不登校になることを未然に防ぐための手立てについても、管理職は生徒指導主事に基本方針を示し組織で対応できるようにしておくことが求められます。

　その第一は、小学校から入学してくる児童に関する正確で多様な情報に基づいて、受け入れ態勢を整えておくことです。小学校では、中学校以上に担任と児童との関係が濃密になりがちです。どうしても学級担任がもっている情報伝達が、担任の判断によってまちまちになる可能性があります。そこで、まず管理職同士の連携により、中学校で求めている内容が正確に小学校に伝わり、それに基づく小学校からの児童の情報が中学校に正しく伝わることで、教員間の連携と受け入れ準備が円滑に進みます。

　第二は、年度末に向けて、現学年の生徒情報に関する出欠席状況と生徒同士の人間関係情報や家庭状況等を整理し、進級の際に適切な学級編成と指導態勢を整えておくことです。そのためには、学級担任だけでなく、学年経営についても開かれた経営を行うような生徒指導体制づくりを推進することが必要になります。

Point
①早期発見・早期対応のためには、担任が抱え込まない学級経営を推進させる。
②学校だけで解決できないケースを見極め、外部の専門機関との連携を進める。
③中1ギャップを防ぐために小学校との連携の先頭に立ち、情報交換を密に行う。

前年度に不登校であったかどうかを知ることから始める

2種類の初期対応

　不登校の兆しが見られる子どもへの初期対応には2種類あります。それは、①「前年度に不登校であった子ども」、②「前年度に不登校でなかった子ども」であり、両者を分けて対応をすることが大切です。

　①「前年度に不登校であった子ども」に対しては、不登校継続者となる可能性があるため、初期の段階から前年度の担任とともに、スクールカウンセラーやスクールソーシャルワーカー等の外部専門家の意見を踏まえながら、チームで対応することが求められます。

　②「前年度に不登校でなかった子ども」に対しては、前年度の担任からの情報も含めた実態把握に努めるとともに、家庭への連絡を頻繁に行うことが大切です。

学級・学校内に子どもの居場所をつくる

　①と②のどちらにしても、初期の段階から子ども本人や保護者へのきめ細やかな個別支援が求められます。改訂された「学習指導要領」総則第4の1の(1)にも、「個々の児童の多様な実態を踏まえ、一人一人が抱える課題に個別に対応した指導を行うカウンセリング」で発達を支援することの大切さが明記されています。

　また、管理職や専門家とその時々の状況を共有するための場や機会をつくることが必要です。その際、②のケースであったとしても、さまざまな事案を抱えていることが想定される担任教諭に対応を任せきりにせずに、主幹教諭や管理職も含めた複数の教員が対応にかかわれるようにすることが大切です。

　さらに、担任教諭は不登校の兆しが見られる子どもが安心できる「心の居場所」を学級内につくることが求められています。

〈根拠〉
「学習指導要領」文部科学省　平成29年3月（高校は平成30年3月）／『生徒指導提要』文部科学省／「不登校児童生徒への支援に関する最終報告～一人一人の多様な課題に対応した切れ目のない組織的な支援の推進～」文部科学省　平成28年7月／「生徒指導リーフ No.22」国立教育政策研究所生徒指導・進路指導研究センター

> **Point**
> 　不登校の兆しが見られる子どもへの対応は二つあるが、「報告・連絡・相談」「実態把握」「学級内に心の居場所」は共通のキーワードである。

09

全く登校できなくなった生徒がいる
―担任としてどう支援するか―

　私の中学2年生の学級にいるA君は昨年より不登校になり、すでに半年以上は登校していません。前担任からは学級で人間関係のトラブルがあり、それから本人は登校を渋るようになったと聞いています。
　今の学級は本人を配慮した編成にしてあるのですが、効果はありませんでした。
　家庭訪問に行けば本人も会ってくれますし、会話も普通にできます。また、昨年度のトラブルを話題にしても極端に嫌がることもなく、不登校のきっかけにはなりましたが本当の原因ではないようです。
　保健室登校や行事の参加を勧めたこともありますが、本人には全くその気がありませんでしたので、いまは強くは勧めません。
　担任としてはこれ以上のことができず、月に一、二度訪問してプリント類を届けて学校の様子を話したり、本人の様子を聞いているだけです。

過去にはこだわらないで、つながる

　不登校になってすでに半年以上ですから、もはや簡単には登校できる状態には戻らないと思います。不登校の「きっかけ」と「原因」は別のことが多いのです。人間の病気にも、きっかけはAだったが原因はBである、ということがあり、トラブルがきっかけになっただけであれば、この生徒のトラブルは原因ではありませんから、トラブルの解決をしても登校するようにはなりません。
　しかし、担任がかかわってくることには抵抗感はないのですから、担任の「かかわり」は今後も続けてください。
　もちろん、かかわり方は保護者・本人とよく相談して決めますが、すぐに登校できる状態にならないことを理由に「見守る」などという形で、かかわり方を少なくしてはいけません。見捨てられたという思いを抱かせることになりますから、質問08の断続的な欠席の状態と同じくかかわります。
　ただし、質問08と違うのはかかわる目標がかなり違うのです。今度は、当面は登校できることを目標にはせずに家庭での生活などが健全に送れるような支援をしたり、

いつでも学校に復帰できる学級の情報は与え続けたりします。

目標は「登校」ではなく、「健全な生活」

したがって、かかわり方もかなり違ってきます。断続的な欠席の場合は、適当な時期に保健室登校や行事への参加を積極的に促しますが、今度は基本的にはやりません。それよりも、家庭での生活が不規則にならないように保護者と相談したり、家庭学習の仕方を教えたりします。つまり、担任は「健全な生活」を送るために本人とつながるのです。

当然、学校の授業で配布されたプリント類を渡したり、学級の様子を伝えたりしても構いませんし大切なことです。

このようなかかわりの中で次のような罪悪感と不安を取り除く努力をします。

不登校状態が長期間続くと、社会とのかかわりが極端に減ります。本人は学校に行っていないため、昼間、外に出たり買い物に出たりすることにも罪悪感を感じてしまうからです。この罪悪感はみな抱きますから、取り除いてあげる必要があります。

学校に行ってなくても、昼間、外に出るのも買い物に出かけたりするのも全く構わないことを、過去の不登校生徒の実例で説明してあげると効果的です。

よくある昼夜逆転した生活や、社会から隔絶した生活にならないための援助をすることになります。

もう一つ取り除いてあげなければいけないのは、将来への不安です。不登校になり一見、社会とかかわらない生活をしていても、心の中では「もう高校には行けないのかもしれない」「このままずっと家にいるのだろうか」「将来はどうなるのだろうか」と必ず悩み不安に陥っています。

抽象的に説明したりするのではなく、世の中にはかつて不登校だった子が立派な大人になっている例として、何冊かの書籍を紹介するのがいいと思います。そのような本はたくさんありますから。

また、中学時代に不登校であっても行ける高校がたくさんあることを具体的なパンフレットなどを渡して紹介します。

私の経験では、この罪悪感と不安を抱かなかった生徒はいませんでした。長期の不登校になると保護者も同じですから保護者には早めに、生徒には様子をみて話を切り出してください。生徒本人から相談してくることはほとんどありません。

Point

①担任は過去にはこだわらないでつながる。

②目標は「登校」ではなく、「健全な生活」。

③罪悪感や進学などの不安を取り除く。

担任だけで対応するのではなく、組織的に取り組む長期的な支援づくりを指導する

　すでに不登校になっている生徒に対しての対応についても、担任は自分で何とか登校させることが担任としての職務であると考えがちです。しかし、このような場合、早期対応や未然防止と異なり、短期の指導ではなかなか状態の改善には至らないものです。息の長い登校支援が必要になります。

　そうなりますと、担任が長くかかわることになり、担任の荷重負担になりかねません。そのために長期にわたる支援が継続できなくなると、改善の見込みがなくなってしまう事態にもなりかねません。

　そこで、管理職は、担任、学年主任、生徒指導主事に対して、担任を中心としつつ、学年、あるいは全校体制で当該生徒への支援を継続できるような体制づくりを指示する必要があります。

　例えば、毎週定期的に家庭訪問を実施することにした場合、当該生徒の生活リズムを安定させるためには、担任が出張や休暇で訪問できないときに他の教員が訪問できるようにしておく体制づくりが必要です。そして、そのためには事前に担任以外の教員も当該生徒や保護者と面会できるようにしておかなければなりません。

　そのような支援体制によって、息の長い支援が可能になります。

不登校状態の改善と進路選択のため、外部の専門機関との連携を主導する

　不登校に至った原因にはさまざまなことが考えられます。まさにケースバイケースでしょう。その中には、当該生徒の心身の発達や心理に関係することや、家庭内での人間関係、保護者の養育態度や人格に関係する場合もあります。引きこもりに発展している場合もあるかもしれません。

　そのような場合には、速やかに専門家や専門機関に委ねることが求められます。そのときの学校としての判断と、外部への依頼は管理職の役割です。

　一方、不登校から登校へと状況が改善したとしても、本人が進学を希望する場合、進路に対する不安があるでしょう。あるいは不登校状態が続いていても、進学を希望する場合もあります。

　管理職は、そのようなケースを想定し、不登校生徒の受け入れが可能な進路に関する情報を入手し、そのような教育機関の管理職と情報交換を行っておくことにより、当該生徒の進路に対する希望をもたせることにつながります。

> **Point**
> ①担任の荷重負担にならないようにするため、組織的な支援体制づくりを進める。
> ②心理・家族関係を専門とする外部機関との連携を主導する。
> ③不登校生徒を受け入れる高等学校等の管理職との情報交換を行う。

第1部　よくある生徒指導上の問題をどう考えどう対応するか
—教諭・管理職・教育委員会指導主事—

「個別支援計画」をつくることから始める

「個別支援計画」をつくる

平成28年7月に「不登校児童生徒への支援に関する最終報告～一人一人の多様な課題に対応した切れ目のない組織的な支援の推進～」が、文部科学省初等中等教育局長の諮問機関である「不登校に関する調査研究協力者会議」より公表されました。報告書では、今後の不登校施策の中で重点的に取り組むべき方策の一つとして、「困難を抱える児童生徒には、『児童生徒理解・教育支援シート』を作成するなど、個々の児童生徒に合った支援計画を策定し、組織的・計画的な支援を実施すること」が提言されています。

なお、「個別支援計画」は「つくる」ことではなく、「使う」ことが目的であり、子どもたちが「ここまで成長できた」ということを、教師や保護者はもちろんのこと、子ども自身で確認することが大切です。

平成29年3月（高等学校は平成30年3月）に改訂された学習指導要領（第5章 特別活動）には、（子どもが）「見通しを立て、学んだことを振り返りながら、新たな学習や生活への意欲につなげたり、将来の在り方生き方を考えたりする活動を行うこと」の大切さが明記されています。

ゴールは社会的自立

平成28年12月に、不登校である子どもたちに、学校以外での多様な学びの場を提供することを目的とした「義務教育の段階における普通教育に相当する教育の機会の確保等に関する法律」が公布されました（平成29年2月完全施行）。この法律により、従来の学校復帰を前提にした不登校対策の転換が図られるでしょう。もちろん、「誰でも、学校に行きたくなければ行かなくてもよい」と解釈するものではありませんが、少なくとも、学校に登校できない子どもは、その後の人生が制限されてしまうという図式はなくなるでしょう。不登校は、子どもたち自身の問題のみで起こるだけではなく、子どもを取り巻く環境によっては、どの子どもにも起こり得ることです。

いずれにしても、全く登校できない生徒に対しては、最終ゴールが社会的自立であることを意識しつつ、専門家を含めたチームで支援することが大切です。

〈根拠〉

「不登校児童生徒への支援に関する最終報告～一人一人の多様な課題に対応した切れ目のない組織的な支援の推進～」文部科学省 不登校に関する調査研究協力者会議 平成28年7月／「学習指導要領」第5章 特別活動 文部科学省／「教育機会確保法」

Point

全く登校できない子どもに対しては、最終ゴールが社会的自立であることを意識しつつ、専門家を含めたチームで支援することが大切である。

10

特別な支援が必要な子がいる
―担任はどうする―

　私の学級にはとても手のかかるB君がいます。授業中も落ち着きがなく、立ち歩くこともあります。注意をすると暴力的になることもあり、対応には苦慮します。他の子どもたちともちょっとしたことでトラブルが起きます。
　B君には特別な支援が必要だと思うのですが、私には専門的な知識はありません。そこで専門家に診てもらいたいと思ったのですが、親からは拒否されてしまいました。親は他の子とは違うということ自体を認めたくないようです。
　また、学級の子どもたちにはB君の特性を話して協力をもらいたいのですが、多分、親の許可は得られそうもありません。
　そうなるとこれからもトラブルが起きても、特別な支援もしにくく根本的な対応ができず困ります。
　このようなケースは担任としてどうすればいいのでしょうか。

一人で抱え込まない

　ここで言う手のかかるB君とは、発達障害をもつ子と考えられます。2012年の文科省の調査によると、全国の公立小中学校の通常の学級にいる発達障害の可能性のある子どもの割合は6.5%だそうです。これは1学級に必ず2、3人はいることになりますから、かなり高い数値です。
　ところが、通常の学級の担任や各教科の担任も、発達障害について専門的に学んできた人はほとんどいませんから、いま日本中の先生たちは困っているわけです。
　仮に付け焼き刃的に学んでも、適切な対応を見つけるまでには相当な経験がないと難しいのが現実です。同じ障害であってもマニュアルのような対応方法はなく、一人ひとりみな違うのですから、とても担任一人の頑張りでは不可能と言えます。
　さらに保護者が子どもの発達障害自体を認めないケースもあり、専門家とのかかわりを拒むのでいっそう適切な指導方法にたどりつけません。
　つまり、他の子どもたちに「B君には○○という障害があり、みんなはこういう接し方をしてほしい」という説明をしないで、その接し方を求めることになりますから、相当に難しいわけです。仮に担任がB君の特性をよく理解して適切な対応をしても、

第1部　よくある生徒指導上の問題をどう考えどう対応するか
―教諭・管理職・教育委員会指導主事―

今度は他の子どもたちから「何でB君は特別で、俺たちにはこうなんだよ」と不公平感が生まれ、担任に対する不信感も生まれ学級全体が荒れるケースもよくあります。

もはや、担任一人では校内に支援体制がないと不可能なのですが、実際にはほとんど支援体制もないのが現実です。これではB君も不幸と言わざるを得ません。

まず保護者に見にきてもらう

しかし、この現実の中でも教師は適切な対応を見つけなければいけません。まず、保護者にB君の現実の姿を見てもらうことから始めます。

保護者は保護者なりの長年の対応方法を必ず知っています。まず、保護者のその経験を学び信頼関係を築きます。初めから「○○という障害かもしれません」とか「○○に行って専門家に診てもらってください」などという対応をしてはいけません。

この信頼関係を土台にして、一つでも二つでも適切な対応ができれば、保護者と相談してより適切な対応を探します。わが子にもっと適切な対応や環境があることを知ると、通常、保護者は現状より上を求めるようになり、ここで初めて専門家の助けを得ようとします。

担任が苦情ばかりを伝えていては保護者との信頼関係は築けません。学校に見にきてもらう目的も、「B君の言動には周囲はこんなに困っている」ことを知ってもらうのではなく、こういうときのB君にはどう対応すればいいのかを教えてもらうためです。

むしろ、保護者の知恵を借りたいという姿勢から始めると信頼関係ができます。

みんな気づいているから、違いを認め合う

しかし、実際の学級の中ではB君の言動は少し自分たちとは違うこと（特性）に他の子たちは気づいているのが普通ですから、ここでも障害という言葉は使わずに「特性」と向き合うことを他の生徒には教えます。

「B君にはこういう特性があるのだから、みんなはこうしてあげてください」などと、丹念に伝えていきます。もちろん、B君の保護者がこの「特性」を学級で話すことすら拒否している段階では無理ですから、前述した信頼関係をまず築かなければいけません。

ですから、隠したりする必要もなく、堂々と違いを認め合う学級経営や生徒指導が必要となります。

Point

①一人で抱え込まずに支援体制を築く。
②まず保護者に見にきてもらうことから始める。
③みんな気づいているから、違いを認め合う学級経営や生徒指導を。

45

校内の全ての学級に発達障害のある生徒が 在籍していることを前提とし組織で対応

　文部科学省の全国調査によって、発達障害のある児童生徒が、小・中学校の通常の学級に約6.5％程度の割合でいることは明らかになっています。つまり全国の小・中学校のどの学級にも、発達障害のある生徒が2、3名は在籍している可能性があるということになります。

　発達障害のある生徒には特別な配慮が必要です。しかし、発達障害のない生徒には配慮が必要ないのかといえば、決してそうではありません。学級の全ての生徒には、一人ひとりにさまざまな教育的なニーズがありますから、学級担任は、日々それぞれのニーズに応じた対応を行っています。発達障害のある生徒に対しては、そのような対応とはまた別の、特別の教育的ニーズに応えることが求められます。

　そうなりますと、当然のことながら、担任一人では対応できるはずはありません。担任を含む教員チームで対応することが必要です。

　全ての学校では、管理職が中心となって、そのための仕組みづくりに取り組まなければなりません。それが特別支援教育体制です。

教員の特別支援教育体制の確立と、 全ての生徒のための特別支援教育を推進

　まず、管理職は、校内の特別支援教育推進のリーダーを指名します。また、校内委員会を設置し、発達障害のある生徒の「個別の教育支援計画」と「個別の指導計画」の作成を指示します。一人ひとりの生徒のためにきめ細かな指導を行う学校であることを保護者にも知ってもらい、子どもの発達の課題について保護者が教師に安心して相談できる環境を整えることも管理職の役割です。

　しかし、そのようなことが可能であるためには、発達障害であることを生徒本人も保護者も受け入れ、学校と手を携えて生徒のために支援しようという方針が確認されていることが必要です。

　管理職は、そうでない場合のことも想定し、対策を講じなければなりません。

　その第一は、学校での子どもの実態を保護者が知ることです。そのため、全ての保護者がいつでも学校に来て子どもの様子を知ることができるような機会を多く用意することです。そこから保護者は子どもにとって一番良い方法を教員とともに探ろうという気持ちになることができるでしょう。また、日ごろから人権教育に力を入れ、障害のある生徒を差別したりいじめたりすることのない生徒を育てることを生徒指導の基本方針にするように生徒指導主任に指示することも管理職の役割です。

Point
①特別支援教育コーディネーターと校内委員会を活かし組織で対応する。
②保護者が子どもの発達について気軽に相談できる環境づくりを主導する。
③多様性を認め尊重する特別支援教育を推進する。

大人（教師）が子どもの限界を定めない

自立の道を制限してはいけない

　学校教育のみならず、教育で目指すべきゴールは子どもたち一人ひとりの「社会的自立」です。この一人ひとりには、当然、障害のある子どもも含まれています。したがって、大人（教師）は、彼ら（障害のある子ども）が社会で自立できるようにすることを目的として、働きかけをする必要があります。ただ単に健常者の子どもを基準にして、健常者の子どもに近づけるようにすることが目的ではありません。

　つまり、障害のある子どもが、人としての自由を制限されたり、人としての尊厳と権利が尊重されず、自立の道を制限されることがあってはならないのです。

特別支援教育の課題

　特別支援教育の課題は、「大人（教師）が子どもの限界を定めてしまうこと」だと言われています。障害のある子どものみならず、不登校などの特別な支援が必要な子どもに対しても同じことが言えるでしょう。では、なぜ、限界を定めてしまうのでしょうか。それは、大人（教師）が、無意識的にでも、健常児や普通に登校している子どもを基準にして判断をしているケースが考えられます。人は誰にでも、得手不得手は当然あるのです。

　「教育は大人（教師）が子どもを育てること」は当然のことですが、より、正確に言い換えると、「教育は子どもが一人で育つように、大人（教師）が働きかけること」ではないでしょうか。たとえ、特別な支援が必要な子どもに対しても、大人（教師）が他者と比較することなしに、子どもたちが自分で育つように働きかけるためには、子どもたち同士がお互いに認め合える環境をつくることが不可欠です。

〈根拠〉

「文部科学省所管事業分野における障害を理由とする差別の解消の推進に関する対応指針について（通知）」平成27年11月26日／『生徒指導提要』第6章第2節　文部科学省

Point

　特別な支援が必要な子どもに対しても、他者と比較することなしに、子どもたちが自分で育つように働きかけることが大切である。

11

外国籍の子どもがいる
―どう支援するか―

　私の中学校には外国籍の子どもたちが、ここ数年で急速に増え各学年に十数名ほどいます。国籍も多様でアジア系から南米系まで、言語も中国語・ポルトガル語・スペイン語・フィリピン語・ベトナム語などと多様です。

　一番の問題は各学年で数名を除いて、ほとんどの子が日本語の理解が不足しているために、学力の遅れが目立ち授業についていくことができないことです。とても学校だけでは対応できません。

　しかし、私の勤める自治体では充分な体制がなく、学力の遅れや日本語の理解に圧倒的なハンディキャップを抱えたままに卒業していきます。そのためか学業に興味がもてず、欠席がちになり非行に走る子どもがいて残念です。

　親とも継続的に相談していますが、日本語での意思疎通が充分にはできず、ひとり親の家庭も多く生活に追われて相談も進みません。

　この子どもたちを何とか支援したいのですが、どんなことができるのでしょうか。

環境整備を強く行政に求める

　公立学校に在籍する外国人児童生徒数は、10年間で1.5倍に増えてすでに7万人を超えています。ただし、その片寄りが結構あり、一つの学校で数人の場合から100人を超える学校まであります。

　外国籍の子どもにとって最大の壁は、やはり言葉の壁です。日本語の指導が必要な外国籍の子どもは3万4,000人を超えているそうです。

　言葉が理解できないことや文化の違いから、学校生活に馴染めず、自分を認めてくれる居場所を見つけることができずに非行に走るケースも多く、外国籍の子どもの受け入れ態勢を充実させることは緊急の課題です。

　しかし、自治体の対応には差があります。例えば、横浜市泉区にある飯田北いちょう小学校には中国、フィリピン、カンボジアなど10カ国の外国籍の子どもがいて全児童の半数近くになるそうです。日本語の指導や生活適応指導など、その指導体制は人的配置を含めて充実しています。外国人児童生徒の指導を重視する行政、教育委員会

の意識の高さが違うのでしょう。

一方では、ご質問の学校のように少なからずいるにもかかわらず、きわめて支援体制の不備な自治体もあります。むしろ、こういう自治体のほうが多いようです。

とても担任どころか学校に任せられても、対応できるものではありません。最低、日本語の初期指導をする母語支援者や通訳、教科指導や生活指導をする母語の支援者などがいなくてはなりませんが、人と予算が必要になります。

居場所がなく生活が崩れ非行に走る

外国籍の子どもたちの多くには、①日本語の指導、②教科指導、③生活面の指導など三つが必要となります。

外国人の保護者は非正規社員であったりパート雇いであったりして、収入も厳しく、子どもと接する時間も少ないのが現実です。そのため親の目も届かず生徒は生活も乱れ、非行に走るケースがよく見られます。特に居場所を確保できない外国籍の子どもは、地域の非行グループなどに簡単に組み込まれますから、生活面の指導が必要となります。

ところが、自治体による人的配置があっても、派遣された母語の支援者任せになったりしますから、時間的制約もあってなかなか生活面では臨機応変に対応してもらえません。もちろん、その外国籍の子どもたちを指導する責任者は学校であり、支援者ではありません。過度に頼ってはいけません。

しかし、文化の違いから生活面の指導は学校と連携して取り組まなければいけませんが、実際には緊急の対応が迫られることがあっても、言葉が通じなかったり保護者の勤務時間が遅かったり、自治体による人的配置ではとても対応できません。

そのためには日本語の初期指導や教科の指導は、自治体から派遣されている母語の支援者や通訳が、生活面の指導は学校が中心になって取り組みます。

そこで、学校としてもう一つ別のルートをつくれるといいでしょう。外国人生徒の親族で祖父母、叔父、叔母などがベストですが、知人でもいいのです。たいがいはすでに来日している親族や知人を頼って日本に来るケースが多いからです。つまり、日本語のわかる親族などの協力を得られるようなルートをつくれると効果は上がります。

あるいは卒業した外国籍の生徒も頼りになります。同じ国籍となると、連帯感も湧くのでしょうか、私の経験ではかなり頼りになりました。

Point

①環境整備は学校長から教育委員会に強く要請してもらう。

②居場所がなく生活が崩れ非行に走る例が多い。

③親族や知人、外国人卒業生に援助を頼む。

異文化を理解し多文化との共生の大切さを学ぶ機会をつくってくれているという視点で

　少子高齢化による若年労働者不足が深刻化する中で、外国人労働者に対する需要は増すばかりです。単身者だけではなく家族を伴って来日する外国人も増加しており、全国で生活を始めていますから、その子どもたちも全国のこども園、小・中・高等学校に在籍するようになっています。

　全国の各学校では、増加する外国籍の子どもたちの受け入れ態勢を整えることは管理職の重要な職務の一つになっており、今後その傾向は増加するに違いありません。

　この事態を教職員がどのように受けとめ受け入れるかによって、その学校の教育の質にも大きく影響します。グローバル化の進展に伴い、今後ますます多文化との共生が求められる社会を生きていく子どもたちのために、その基礎を培う絶好の機会と捉えることが大切です。

　管理職がそのような視点に立ち、外国籍の子どもたちを教職員、生徒、保護者が受け入れ、ともに学ぶことができるような環境づくりを進めることが求められます。

教職員の共通理解と、生徒・保護者を含む学校全体で国際理解教育の推進を図る

　そのためにはまず教職員の共通理解を得ることが必要です。特に言葉の面では、英語圏から来日している外国人はむしろ少数派ですので、英語でコミュニケーションをとることもできません。外国人だからといっても英語科の教員が対応できるとは限らないのです。また、教職員の多くは海外での生活経験がありませんから、外国籍の人々が日本で生活している中で、どのような不安や悩みをもって日々暮らしているのかということについても理解しにくいのです。

　管理職は、外国籍の子どもの受け入れに際しては、担任だけで対応できないこと、学年や学校全体で受け入れ態勢をつくることを全教職員に伝えるべきです。

　また、教員から生徒に対して、生徒がこれから生きていく国際社会で外国の人々と共生していくための良い機会として外国籍の生徒から学ぶこと、見ず知らずの外国で生活する困難を思いやり、温かく受け入れる気持ちの大切さを説くことを指導することを指示することが大切です。

　さらに、保護者に対しても同様のことを保護者会や学校だよりなどで伝えるとともに、PTAに働きかけて、外国籍の生徒の保護者との文化交流を図るなど、国際理解教育の推進を計画的に進めることで学校教育全体の質の向上を目指すことにもつながります。

> **Point**
> ①外国籍の生徒の受け入れは、学校の教育の質の向上につながるという理解を図る。
> ②外国籍の生徒を担任だけでなく全教職員によって受け入れる仕組みをつくる。
> ③生徒と保護者にとっても、視野を広げる良い機会であることを理解させる。

まず第一に、彼らのストレスを抑制してあげる

日本語指導への支援

多くの外国籍の子どもは、自宅では母国語、学校や地域では日本語で生活しています。したがって、彼らの日本語は「外国語」ではなく、生活をするための第二言語であり、「日本語」を学ぶことは「日本で生活すること」を学ぶことであると言えます。ただし、日常的な会話力（「生活言語能力」）と学習で求められる言語力（「学習言語能力」）は違います。前者は普段の生活の中で自然に身についていきますが、教職員等による支援も必要です。後者については、日本語指導を担当する教員が計画的に支援する必要があります。

宗教的な配慮

また、外国籍の子どもに対しては、宗教的な背景の違いを配慮しなければなりません。具体的には、給食、体育、学校行事等での配慮が必要です。このように、外国籍の子どもの文化的な背景を十分に理解するとともに、彼らを受け入れる際に、宗教的な配慮事項について、保護者・子どもと共通理解をすることが欠かせません。

ストレス抑制のための支援

外国籍の子どもにとって、日本語がまだ十分に習得できていない段階では、自分の思いや困っていることなどを、他者に伝えることができません。したがって、学校生活そのものがストレスの原因となり得ます。そこで、彼らのストレスを抑制させるためには、互いの違いを認め、互いに助け合える学級を醸成することはもちろんのこと、学校内に、彼らの「居場所」をつくる必要があります。具体的には、学級はもちろんのこと、日本語などの特別指導（取り出し指導）を行うための場所、また、保健室や事務室など、彼らを受け入れて安心させてあげる場所が欠かせません。

家庭との連携・共通理解

なお、外国籍の保護者は、自分の経験則からしかイメージしないため、日本の学校生活について理解できない場合が多いです。そのため、学校教育のシステムや教育観の違いなどについて、共通理解がもてるような話し合いをすることが大切です。

〈根拠〉

「日本語指導が必要な児童生徒の受入状況等に関する調査（平成28年度）」の結果について　文部科学省　平成29年6月／「外国人児童生徒受入れの手引き」文部科学省　平成23年3月

Point

外国籍の子どものストレスを抑制させるために、さまざまな配慮とともに、学校内に、彼らが安心できる「居場所」をつくることが大切である。

12

LGBTの子どもがいるようだ
―どう支援するか―

私の学級には性同一性障害と思われるC子がいます。普段のしぐさを見たり、水泳の授業や制服のスカートに抵抗感がある様子を見たりして、そう思うようになりましたが、本人からの相談があったわけではなく確認はできません。

また、学級ではC子は「おとこおんな」と言われたり揶揄される場面も多く、どうにかしてあげたいと思っているのですが、取り上げ方に慎重にならざるを得ず決断できません。

本人に事実を確認することなく、あくまで一般論として話をして効果はあるものなのか、そういう話をすること自体がかえってC子の存在を教えていることにならないかなどと迷っています。

担任としてどんな支援をすればいいのかを知りたいと思います。

LGBTは国内で約7.6％、約13人に1人

教諭　レズビアン、ゲイ、バイセクシュアル、トランスジェンダーの頭文字をとってLGBTと言いますが、性の在り方を総称した言葉です。

「人間には男と女しかいなくて、恋愛の対象は異性である」というのは、事実ではなく多様な性の在り方があります。

どれくらいのLGBTが国内にいるのかというと、とてもピンとくる説明があります。NPO法人ReBit代表理事の薬師実芳さんが、日本の六大苗字である佐藤・鈴木・高橋・田中・渡辺・伊藤を全部合わせた数よりもLGBTの人数は多いとたとえています。この六大苗字なら、学級には数人はいるのではないでしょうか。

LGBTの子どもはどの学級にも、2、3人はいるし、あなたの学校の職場にも必ずいることになります。六大苗字が珍しくないように特殊な性とは言えません。

LGBTの子どもたちの苦しみを伝える

最近ではLGBTの有名人がテレビでも活躍していますから、性の在り方が多様であることに気づくチャンスにできます。

しかし、堂々とカミングアウトして認められるまでには苦しんだ時期があったはず

第1部　よくある生徒指導上の問題をどう考えどう対応するか
—教諭・管理職・教育委員会指導主事—

です。例えば LGBT の人が自殺を考えたり、実際に未遂の経験のある人は、LGBT ではない人よりも何倍にも跳ね上がるそうです。

　LGBT の人の生の声は、最近では書籍化されていますから、ただ知識を伝えるだけでなく生の声を伝えることによって性の多様性が実感できます（薬師他 3 名『LGBT ってなんだろう？』合同出版、砂川秀樹『カミングアウト』朝日新書などにある）。

　それらの声を知ると、現在の学校には特にトランスジェンダーの子どもたちにとって、とても過ごしにくい環境があることがわかります。例えば、心は女子なのに体が男子の場合、ズボンをはいたり男子トイレを使用したりするのに違和感を感じます。部活動で坊主頭にするのは苦痛さえ感じます。宿泊行事での入浴や体育時の着替えで見られることにも苦痛を感じます。ジャージ登校を可とする、着替えは別室で、入浴は別の時間帯になどと相談があれば可能なものもあるようです。

相談しやすい教師になる

　ご質問の C 子さんが性同一性障害（トランスジェンダーの一つ）かどうかは特定する必要は全くなく、本人が困ったときにいつでも相談しやすい教師になることです。そのためは、「この先生は LGBT の正しい知識をもち、多様な性の在り方を知っている」と安心してもらわなければいけません。もちろん、普段から生徒の話をまず聞いてくれる先生だという安心感がないといけません。

　LGBT の正しい知識などは、学校の年間行事に位置づけて計画的に取り組んでいる学校もあります。LGBT などの話をすると、C 子のことを教えることにならないかという心配ですが、歪んだ知識や偏見はすでに広まっているのですから、恐れずに正しい知識を伝えたほうがいいと思います。

　次に、LGBT を普段から笑いの対象にしたりしていては、相談しに来ません。

　「オカマ」「ホモ」などという言葉で、悪意はないが冷やかしたりからかったりする場面もあります。そこには、もしかしたら LGBT の子がいるかもしれません。

　教師自身も長い間、間違った情報や偏見の中で生活してきたのですから、学ばなければ LGBT の正しい理解をすることはできません。

　実際、私自身もそのような知識がなくて「男なんだからもっと大きな声で言いなさい」とか「もっと女の子らしくしなさい」などと言っていたのですから、恥ずかしい限りです。

> **Point**
> ① LGBT は学級には 2、3 人の子がいると思わなければいけない。
> ② LGBT の生の声を伝えよう。
> ③ まず相談しやすい教師になる。

53

LGBTの生徒が一定数在籍していることを前提とした教育活動を推進させる

　発達障害の生徒に関する調査とは異なり、LGBTの生徒に関する全国調査は、まだ行われていませんが、前ページのような調査結果などによって、発達障害の生徒とほぼ同じか、あるいはもう少し多くいることが明らかになっています。すなわち、全国の学校のどの学級にも、性同一性障害を含むLGBTや、LGBTにあてはまらないセクシャルマイノリティの生徒が2、3名いる可能性があります。

　一人ひとりの多様な教育的ニーズに対応することが求められている各学校では、これからは、このようなセクシャルマイノリティの生徒がいることを前提とした教育活動を進めることが求められます。

　管理職はこのことを全教職員に周知させ、全ての生徒が安心して楽しい学校生活を送ることができる学校づくりのためにリーダーシップを発揮しなければなりません。

　また、セクシャルマイノリティは生徒の中だけにいるのではありません。教職員の中にも一定数いると考えるべきです。教職員のLGBTに対する理解は、生徒だけでなく、同じ学校に勤務するLGBTの教職員にとっても安心して職務に取り組むことができることにつながります。教職員の職場環境にも管理職は目を向けなければならないのです。

生徒と教師の信頼関係、管理職と教職員の信頼関係の構築が相談できる大前提

　学校は、男女が協力してさまざまな教育活動に取り組みながら、人として成長する場です。それはLGBTの生徒にとっても同様です。LGBTの生徒が自分の性的指向に気づいたときに、そのことに違和感をもち、自己肯定感をもてないような学校生活を送ることは、生徒にとって大変不幸なことです。周囲の偏見や無理解によって被る苦しみや悩みから解放してあげることが教師の役割です。

　そのために管理職は、先入観をもたずに生徒の状況に応じた支援を行うことができる教員の育成を図る必要があります。外部の専門家を講師として招き、教職員の意識改革を進めるとともに、学校の教育活動のさまざまな場面を通じて、生徒の無理解や偏見を取り除く生徒指導を組織として進めていくことが求められます。

　また、保護者に対しても、生徒の多様性を尊重する教育活動の意義と重要性を保護者会や学校だよりを通じて説くとともに、PTAと連携してLGBTに関する研修会を開催するなど、啓発を進めることが大切です。

Point
① LGBTの生徒の悩みや苦しみを理解できる教職員の育成。
② LGBTの生徒が悩みや苦しみを相談できる前提となる信頼関係の構築。
③ 自分の性に対する指向についても多様性を尊重する学校文化の醸成を図る。

LGBT全般について、偏見をもつような言動を慎む

　LGBTの子どもは、自身の性的指向や性自認について、表に出さない傾向があります。そのため、学校では、日ごろから子どもが相談しやすい環境をつくることが求められています。

　具体的には、教職員自身がLGBT全般について偏見をもつような言動を慎むことや、戸籍上の性別によく見られる服装や髪型等をしていない場合でも、一方的に否定したりしないことなどが考えられます。実際、「LGBT法連合会」の調査によると、学校内に「男のくせに」「ホモ」「おかま」「レズ」などと侮蔑するような言葉が飛び交っていたり、教員が性的指向について、「おかしいもの」「うちの学校にはいない」などと話をして、「何も言い返すことができなかった」などの結果が見られています。

　また、「いじめ防止対策推進法（平成25年法律第71号）」に基づく国の「いじめ防止基本方針」が、平成29年3月に改定されましたが、その（1）の②のウには、以下のように、LGBTへの対応が盛り込まれています。

> ○性同一性障害や性的指向・性自認に係る児童生徒に対するいじめを防止するため、性同一性障害や性的指向・性自認について、教職員への正しい理解の促進や、学校として必要な対応について周知する。

　このように、教職員は、性同一性障害や性的指向・性自認に関する悩みや不安を抱える子どもの良き理解者となるように努めることが求められています。ただし、子どもの悩みや不安を受けとめることの必要性は、LGBTであるかどうかにかかわらず、教職員として当然のことではないでしょうか。

　したがって、学校においては、いかなる理由であっても、いじめや差別を許さない適切な人権教育等を進めることが、悩みや不安を抱えるLGBTの子どもに対する支援の土台となるのです。

〈根拠〉
「性同一性障害に係る児童生徒に対するきめ細かな対応の実施等について」文部科学省初等中等教育局児童生徒課長通知　平成27年4月30日／「いじめ防止等のための基本的な方針」平成25年10月11日　文部科学大臣決定（最終改定　平成29年3月14日）

Point
　日ごろから、適切な人権教育等を進めることが、悩みや不安を抱えるLGBTの子どもに対する支援の土台となる。

13

保護者への対応が苦手で困っている
―対応のコツ―

　私は保護者への対応が苦手で困っています。親は私と同年代なのですがそれでも自信がありません。
　特に苦手なのは何かと攻撃的な親です。
　先日もA君がB君を冷やかしたり、からかったりしてけんかになりました。A君は事実を認め謝罪しましたが、「ただの遊びでみんなやっている。なんで僕だけが叱られるんだ」と不満があったようです。A君の母親からは「不公平だ」と激しく抗議があり苦慮しました。
　今後もこのような親への対応が多くなると思うと憂鬱になります。また、若い教師に対応方法を教えたりする立場になったらどうしようかと不安を感じています。
　対応のコツというものがあるのでしょうか。

本当に「困った親」はめったにいない

　一時期、マスコミなどで話題となったいわゆる「モンスターペアレント」「クレーマー」「困った親」などは、実際にはどれくらいいるものなのかというと世間で思われているほどはいません。私の経験では5、6年間で学校全体で一人いたかどうかという程度です。
　もし、職員室のあちこちで「あの親もモンスターよ」などと囁かれたら、それは担任には面倒な親と感じたということであって、必ずしもモンスターとは言えません。モンスターと決めつけることによって、ただ「面倒な親」を本当のモンスターにしてしまうことになりかねませんから要注意です。
　担任に煩く言ってきたり、誤解して攻撃的に言ってきたり、無理難題な希望を言ってきたりするのも、わが子のことを心配しているからこそです。教師の言うことは何でも「ごもっともです」と受け入れられる時代は昔の話ですから、無条件に何でも親に受け入れられることはないことを知っておくべきです。
　何度説明してもわかってくれない親は、「面倒な親」と言えますが、これをモンスターとまだレッテル貼りをしてはいけません。

第1部　よくある生徒指導上の問題をどう考えどう対応するか
―教諭・管理職・教育委員会指導主事―

　ご質問のＡ君の母親は「不公平だ」と主張しているのであれば、担任として他の子にも公平に指導していて、「不公平な指導はしていません」ときちんと根拠を示して説明したかどうかです。電話ではなく対面して話したかどうかです。

　また、一番重要なことはＡ君のやった行為の是非が本題とならないのは、すでに担任と親との間に信頼関係がないからです。通常の親は、わが子の非を棚に上げて「不公平」な指導を問題にすることはしませんが、信頼関係がないとそうなります。

　担任との信頼関係とは、「この先生なら困ったときには頼りになりそうだ」という思いを親がもってくれているかということです。Ａ君の母親も困っているのですから。

対応にはコツがある

　そういう信頼関係は普段の担任の姿勢で決まります。

　まず、学校で起きたことは加害者であろうと被害者であろうと、電話で済ませてはいけません。電話で済ませるのは、親と信頼関係が確立していて簡単な問題の場合だけです。電話ではお互いの表情はわからず、正確な意思疎通はできませんから、対面して話すことを原則にします。親が本当に理解したかは表情に表れます。

　次に事実を正確につかみ伝えます。曖昧な事実を事実であるかのように言ったり、推測を言ってはいけません。言う必要があるならば、事実を伝えた後に区別して言います。また、事実報告は親子一緒にやります。

　三つ目は、親の言い分にはよく耳を傾け途中で遮って、担任の主張を展開してはいけません。むしろ「なるほど、お子さんからそのように聞いているのであれば、お母さんの言っていることはわかります」などと一旦受けとめ、その上で正しい事実関係を話します。

　四つ目は一番大切なことですが、特に加害者の親と対応するときは親を責めるのではなく、一緒に考え協力し合う姿勢を貫くことです。これを積み重ねると「この先生ならわが子のためにやってくれる」と信頼関係が築かれます。

　五つ目はいつも悪いことばかりを連絡するのではなく、良かったことや頑張ったことを連絡するように心掛けます。例えば、学級通信を利用します。良いことなら電話でも大丈夫ですから、まめに連絡します。

　この対応の手抜きをしてしまうと、「面倒な親」とは信頼関係が築かれず、いよいよモンスターに移っていくかもしれません。

> **Point**
> ①モンスターと決めつけず、自らの対応を再検討する。
> ②親との信頼関係を築くことが大前提。
> ③対応にはコツがある。

57

義務教育の意味を再確認することから始める教員の意識改革

多くの教員は、大学を出てすぐに教壇に立ち子どもと向き合って過ごすことが多いため、一般企業に勤務する会社員に比べて大人との接点が少ないものです。知らず知らずのうちに、教員には大人である保護者とのかかわりに対する苦手意識が生まれてしまうこともあるでしょう。

しかし、小・中学校は義務教育です。義務教育とは子どもたちに教育を受ける義務があるのではなく、子どもたちの保護者が子どもに教育を受けさせる義務があるのですから、教員が子どもに対するのと同じように保護者とかかわらなければならないのは当然のことなのです。管理職はこのことを自校の教職員にしっかりと再確認させることが必要です。

わが子を愛するペアレントをモンスターに変貌させない教職員を育てるために

したがって、保護者には日ごろから学校の教育活動、学級担任の学級経営方針や学級の生徒たちの日々の様子などを丁寧に伝えておかなければなりません。だからこそ「学校だより」や「学級だより」があるのです。読み手である保護者に、学校や学級の様子が手に取るようにわかっていただけるような内容や書き方であることが大切です。

そのために管理職は、学校から配布される全ての保護者向けの文書には丁寧に目を通しておかなければならないのです。学校からの全ての配布文書の責任者は教員ではなく管理職なのですから。配布文書は、大切なわが子を学校に預けている保護者、それなのに、なかなか学校の様子を自分の目で確かめる機会が少ない保護者が、校長や学級担任を理解し、信頼できるかどうかを見極めるための最初の判断材料なのです。

次に重要なことが、直接保護者と会う機会である年度当初の保護者会や学級懇談会を大切にすることです。文書では伝わらない姿、声、表情、性格など教員の全体像を目と耳で確かめる機会です。細心の注意を払って全教職員に準備させ進行させることが管理職の役割です。特に保護者とのかかわりに対してまだ自信がもてない若手教員等には、管理職がサポートしていることを示すことで保護者の安心にもつながります。

そして電話対応です。相手が見えないからこそ細心の注意が必要であることを、管理職は教職員に対して日ごろから指導しておくことが大切です。

管理職はこれらのことについて日常的に気を配ることによって、教員の保護者への対応に対する苦手意識を払拭し、自信をもって対応できる教員、保護者との信頼関係を構築することができる教員へと、教員の意識改革を進めることができるでしょう。

Point
①保護者の思いや願いを思いやる気持ちが保護者との信頼関係の土台。
②保護者への配布文書、保護者会・学級懇談会、電話対応がポイント。
③苦手意識からの脱却のために必要な管理職のサポート。

「保護者対応」から「保護者を応援団」へ

　教職員と子どもとの関係は対等ではありません。また、保護者と子どもとの関係も対等ではありません。しかし、教職員と保護者は一緒に子どもを育むパートナーであるといえます。したがって、学校は「保護者対応」から「保護者を応援団」にするという考え方をすべきであると言えます。また、保護者に学校の応援団になってもらうためには、学校のみならず、PTA活動や教育委員会の支援も期待されます。

学校の働きかけ

　保護者に学校の応援団になってもらうためには、保護者が学校を信頼するような意識と行動が教職員に求められます。換言すると、学校や教職員に対する保護者の不信感を取り除くことが不可欠です。そのためには、「保護者の話を最後までしっかりと聴く」「保護者からの依頼には迅速に報告を行う」など、学校や教職員が「保護者ファースト」の意識をもって行動することは、良いパートナーへの第一歩です。

PTA活動への期待

　家庭の教育力の低下が指摘されている今日、学校と家庭を結ぶPTA活動はますます期待されています。しかし、女性の社会進出を背景として、PTA活動の展開や充実が困難になっている場合も散見されます。そのため、会合の時間帯を工夫するなど、保護者が参加しやすい工夫をするとともに、教職員もこれまで以上にPTA活動についての理解を深め、積極的にその活動に参加することが望まれます。

教育委員会の支援

　従来、教育委員会は、主に学校教育を中心としていましたが、生涯学習社会への移行が求められている現在では、家庭や地域社会における教育力を充実させ、学校も含め、地域全体で子どもの教育を担うという観点が不可欠です。そのため、PTA活動への積極的な支援も含めて、家庭や地域社会における教育に関する条件の整備や相互の連携を推進することが求められてきています。

〈根拠〉
「新しい時代の教育や地方創生の実現に向けた学校と地域の連携・協働の在り方と今後の推進方策について（答申）」中央教育審議会答申　平成27年12月21日／『生徒指導提要』第8章　文部科学省

Point
　保護者に学校の応援団になってもらうためには、学校に対する保護者の不信感を取り除くとともに、PTA活動や教育委員会の支援も必要である。

14 生徒指導体制を確立するには何が大切か

　私は中学校の生徒指導主事になって、まだ数年しか経験がありません。
　よく「生徒指導体制の確立」が重要だと言われます。しかし、私にはこの「生徒指導体制の確立」という意味が、どういう状態を言うのか具体的にイメージできません。
　イメージができないため、生徒指導体制が本当に確立しているのかがわかりません。確かにいまは大きな問題はありませんが、確立しているから落ち着いているのか、違う理由で落ち着いているのかどうか判断ができません。
　5、6年前まではさまざまな問題もあったと聞いていますし、現在は大きな問題はありませんが、生徒間のトラブルはよくあり、校則違反の生徒の指導には悩まされています。決して安心できる状況ではないと思っています。
　さらに指導体制の確立をするために、その具体的なイメージを知りたいものです。生徒指導主事として、何をしていけばいいのでしょうか。

どうなっていると指導体制が確立していると言うのか

　まず、なぜ生徒指導体制の確立が重要なのかを確認しておきます。教職員が勝手にばらばらにやったのでは、とても生徒を育てることなどできないからです。例えば、個々の教師の目標がばらばら、指導する教師によって言うことに一貫性がない、情報が少なすぎて的確な方針をつくれない、などを思い浮かべてもらえば生徒指導は組織的に取り組まなければいけないことがわかります。

　そのため多くの学校は、指導目標や指導方針・基準などをつくり、みんなで取り組む体制を築くわけです。ところが、ご質問のように指導体制を確立したときのイメージがないため、その体制が実質的に機能していないようです。

　これは仏様はつくったが魂を入れ忘れたようなものです。形だけは揃えても肝心なことを忘れているため、その指導体制が実質的に機能していないのです。

体制を機能させていくためのコツ

　ここでは指導体制を機能させるための魂に当たる四つのコツを挙げておきます。こ

第1部　よくある生徒指導上の問題をどう考えどう対応するか
―教諭・管理職・教育委員会指導主事―

の四つは生徒指導主事がやるべき仕事のコツでもあります。

一つ目の仕事のコツは、情報を集めるコツです。よく「報告・連絡・相談」が大事だと言いますが、報告や連絡を待つのではなく、指導部が自ら集めて歩かないといけません。「報告します」と言って報告してくる情報は、すでに報告者の考えに基づいて取捨選択されていますから、意外と重要な情報が抜け落ちることがあります。

休み時間や放課後の雑談の中で得た情報にこそ、本当の子どもの姿が見えます。

二つ目の仕事のコツは、この情報に基づいて生徒指導の会議では必ず指導部（特に主事）は原案（方針など）を出すことです。その原案はその時点で最良だと思うものを出せばいいのです。最初は不完全だらけで構いません。

そして、みんなで実行します。実行してうまくいかなかったところを点検（反省）し、次に修正します。そしてまた実行します。この原案→実行→点検→修正→実行を繰り返します。この繰り返しを進める中心が生徒指導主事です。

これができる学校は、生徒指導体制の確立に近づいていると言えます。なぜなら、効果のある的確な方針は誰も知らないし初めからは存在しません。的確な方針というのは、この繰り返しによって少しずつ近づいていくものだからです。

三つ目の仕事のコツは、人の嫌がることに率先して対応する指導部をつくることです。例えば、生徒が問題を起こして教師と衝突している場面には、真っ先に駆けつけます。生徒と相対している教師は困っているはずです。そこに真っ先に駆けつけても「余計なことをしないでほしい」とは決して思いません。

いたずらされたトイレの掃除、面倒な苦情電話の対応、空き時間のパトロールなどと、誰もが気の乗らない仕事を率先してやります。

こうして、指導部は信頼されるようになり、指導部に相談すれば良いことがあると思ってくれるようになります。このような互いの信頼感が土台にあって、生徒指導体制というのは確立していくのです。まさに仏様の魂そのものです。

最後は、指導部や生徒指導主事は他の教師の援助をすることです。

例えば、対応の難しい親と会うときには、一緒に会います。きっと心強く思うに違いありません。生徒指導上の困ったことには相談に乗ります。

つまり、生徒指導体制を確立しているというのは、集めた情報に基づいて原案→実行→点検→修正→実行を繰り返し、教職員が助け合って生徒指導ができている状態をいいます。

Point

①生徒指導体制を確立するための仕事のコツを知る。

②原案→実行→点検→修正→実行を繰り返す。

③人の嫌がることを率先してやる。

61

校長自らの学校経営方針を具現化するためのリーダーシップ

　生徒指導は、教科指導と並んで学校の教育活動の2本柱のうちの一つです。学校の教育活動の責任者は校長です。したがって、生徒指導の責任者も当然、校長ただ一人です。同じ管理職であっても、教頭ではありません。ましてや管理職ではない生徒指導主事でもありません。校長は、自らの学校の経営方針の具現化を図るため、リーダーシップを発揮して全教職員の力を結集し、生徒指導体制を確立し、組織として生徒指導を推進する最終責任者です。

　それは誰のための生徒指導でしょうか。もちろん全校生徒のためです。一人の生徒も見逃してはなりません。一人ひとりの生徒の生徒指導上の教育的なニーズに対応した取組が必要です。ですから、一人の教員の力では実現不可能です。一部の教員でもできません。学校の全教員と全職員だけでも対応できないことがあります。保護者や地域の人々、外部の諸機関の力を借りることも必要になってくるでしょう。

　そこで校長は、組織で動く生徒指導体制をつくる必要があります。生徒指導の主担当者である生徒指導主事を任命、委嘱し、校務分掌を活用して日々の具体的な運用を企画・立案・実行させます。校長には、そのためのリーダーシップを発揮することも求められます。

全ての生徒を守り育てるためのマネジメントの推進

　学校の全ての教育活動は意図的・計画的に推進されなければなりません。生徒指導も同様です。校長は、生徒の実態を正しく把握し、目標を定め、実現のための計画を立て（P）、計画に基づいて実施し（D）、一定期間の後、達成状況を評価し（C）、達成できなかったところや不十分であったところを改善する（A）というマネジメントサイクルを回しながら、組織としての生徒指導を推進します。

　このような生徒指導のマネジメントは、一見するとどこの学校でも行われているように見えます。ところが、学校によってその取組の結果について成否が分かれるのはなぜでしょうか。その原因は、マネジメントサイクルの（P）にあることが多いのです。生徒指導の計画を実施する前に、全教職員がその計画の意義・重要性と、自分だけでなく全員の役割と取組の内容を正しく理解し、共通意思を形成した上で（D）に向かうことではじめてマネジメントの成果を上げることができるのです。

　管理職は、そのような生徒指導マネジメントを推進するためにもリーダーシップを発揮しなければなりません。

> **Point**
> ①組織としての生徒指導体制を確立するために欠かせない校長のリーダーシップ。
> ②一人の生徒も見逃さないための、組織としての生徒指導体制の確立。
> ③全教職員の生徒指導のための共通意思を形成するマネジメントの推進。

第1部　よくある生徒指導上の問題をどう考えどう対応するか
―教諭・管理職・教育委員会指導主事―

問題が起こりにくい学校には、5＋αの共通点がある

　国立教育政策研究所生徒指導研究センター（現 生徒指導・進路指導研究センター）は、平成20年度から3年間にわたって「生徒指導に関する機能向上のための調査研究」を実施しました。本調査研究は、学校における生徒指導のサイクルが機能し、生徒指導上の諸問題を起こりにくくしている学校において、教職員全員の動きがつくられている要因を可視化することを目的としたものです。つまり、（結果的に）生徒指導体制が確立されている学校の要因を可視化すると言い換えることもできるでしょう。

　本調査結果からは、生徒指導のサイクルが機能し、生徒指導上の諸問題を起こりにくくしている学校では、「情報」を軸とした「実態把握」に重点が置かれ、課題および指導方針が明確であることから、校長を中心とした「方針の明確化」と教職員全員での円滑な「取組」に結びついているというサイクルが見られました。また、そのような学校には、次の5＋αの共通点が見られました。

> （1）児童生徒に関する情報を教職員全員で収集し、課題を共有している
> （2）学校の指導方針が現状と課題を踏まえたものとなっている
> （3）指導における具体的な行動基準が教職員へ示されている
> （4）一部の教職員のみに負担が偏っていない
> （5）随時、取組を見直し、軌道修正している
> （＋α）教職員間での会話が多い

　教職員全員の動きができているということは、一人ひとりの教職員の負担が減ることにもつながります。まさしく、近年、求められている「働き方改革」と「チーム学校」に結びつくことです。

〈根拠〉
「生徒指導の役割連携の推進に向けて―生徒指導主事に求められる具体的な行動―」
国立教育政策研究所　平成22-23年
http://www.nier.go.jp/shido/centerhp/22kinou_shogaku/kinou_tebiki.htm（小学校編）
http://www.nier.go.jp/shido/centerhp/21kinou_cyugaku/kinou.tebiki.htm（中学校編）
http://www.nier.go.jp/shido/centerhp/22kinou_koukou/kinou_tebiki.htm（高等学校編）

Point
　生徒指導体制が確立している学校には、「実態把握」に重点が置かれ、「方針の明確化」と教職員全員での円滑な「取組」に結びついているというサイクルが見られた。

第2部

よくある困った問題をどう考えるか

担　　任
学年主任
生徒指導担当者

01

毎時間のように授業に遅刻して来る子を どう指導するか

　中学2年生のA君は夏休みが明けた頃から、チャイムが鳴り終わった直後に教室に入って来るようになり、最近では授業によく数分遅刻して来るようになりました。すでに1週間以上になりますが、なかなか改善しません。
　担任はすぐに事情を聞き指導しているのですが、本人自身がはっきりとした理由がわからないのか、隠しているのかどうかもわかりません。
　学校には朝から遅刻して来ることはありませんから、不登校の傾向があるとは思えないのです。本人は余り勉強は得意ではなく、学習意欲も低いです。
　家庭にはすでに連絡し、家でも本人から話を聞いてもらうことになっていますが、両親は忙しくまだ充分に本人とは話し合っていないようです。

担任自らがよく観察し方針を立て、すぐに実行・修正を繰り返す

　授業によく遅刻して来るというのは、すでに大きな問題と考えるべきです。これを何の根拠もなく、「大丈夫だろう」「指導していけばしなくなるだろう」などと安易に考えてはいけません。子どもによっては「校内徘徊」や「授業エスケープ（離脱）」につながる場合があります。

　ですから、担任としての対応は遅すぎます。すでに1週間以上になるのにこれでは次の手が打てません。

　本人自身が理由がよくわからないとか、わかっていても隠すこともあるのですから、それならば担任などが休み時間のA君を観察すればかなりわかることです。つまり、第三者のようにあれこれ解釈をしたり論評したりするのではなく、すぐに担任自身が足と眼と耳を使って確かめることです。これは生徒指導の基本です。

　その結果、改善されなかったら、本当の理由が別にあるのかもしれないと考え、さらに次の方策を考えます。こういうことを早いサイクルでやらなければいけません。

　「方針を立てる→実行する→方針を修正する→また実行する」。これを繰り返すことによって、より適切な方針に近づくことができます。これも生徒指導の基本です。

　親の対応も遅すぎます。指導しても改善しなかったのですから、親と直接相談し、協力を求める早さがなくてはいけません。親の協力を求めるのも生徒指導の基本です。

よく観察し遅刻の理由を探る

授業に遅刻して来る理由は実に多様です。理由を予測しても当たることはまずありませんから、本人に聞いても曖昧であれば、よく観察します。

授業終了後の行動をそれとなく観察します。

その結果、仲間がいて一緒に行動しているため戻って来られないなら、仲間全体を指導します。単独行動なのに戻って来られないのなら、単独でいったい何をしているのかを観察します。休み時間の教室に早く戻ると何かがあるのかもしれない、と予測もできます。その結果に基づいて指導します。

次々と方針を立てて実行し、また方針を修正しまた実行することを繰り返します。

一番いけないのはただ様子を見ていることです。

休み時間に教室にいると、顔を合わせたくない生徒がいるから、着席した頃を見計らって教室に入るという場合もあります。また、トラブルの真っ最中で一緒にいたくないケースに発展している場合もあります。このような場合は、そのもつれた人間関係を解決しないとなかなか教室にはいられません。

いわゆる「いじめ」がすでに発生している場合もありますから、A君の話をよく聞くだけでなく、A君の友達や周囲の子たちから情報を集める必要があります。

また、学習意欲が低下し、そのため教室に足が向かわないのなら遠からず「校内徘徊」や「授業エスケープ（離脱）」につながることも考えられます。学習の援助や取り組み方を教えない限り難しいでしょう。こういうふうに、理由はいろいろです。

また、この段階では親との相談が必須です。仮に親が忙しいという理由で、なかなか会えないのなら、何としても早急に会う機会をつくります。親の協力を求めるには、夜遅くであっても親の都合のいい時間帯に合わせて直接相談することです。家庭での本人の様子に何か変化がなかったか、悩んでいることはないかなどを親と相談します。

真意を伝えるには、決して電話での対応はしないことです。

親と教師が親身になって相談したり悩んだりするだけで、自分は見捨てられていないと感じ事態が好転することさえありますから、電話ではなく家庭訪問して親と教師が話し合う姿を見せることが大切です。

学級ではA君に仕事を与え、活躍の場所をつくるのもいい方法です。

生徒指導のPoint

①足と眼と耳でよく観察し、事実をつかむ。
②方針を立てる→実行する→方針を修正する→また実行する。
③授業の遅刻には必ず理由がある。
④親と直接対面し相談し、協力を求める。

02
いろいろな理由をつけて保健室に行きたがる子をどう指導するか

　中学2年生のB君は授業中でもよく保健室に行きたがります。理由はいろいろですが、1時間ほど休んでくるとまた授業に出ますが、だんだんとその回数が増えてきたため心配しています。
　本人には具合が悪いのかどうかを何度も聞きましたが、特にどこが悪いということはなさそうですが、保健室では横になっています。
　親にも連絡し家でも聞いてもらったりしていますが、やはりはっきりとした理由はありません。
　どのように対応すればいいのでしょうか。

いろいろな理由が考えられる
　①まず、本当に悪いところはないかを疑わなければいけません。養護教諭と連携し病院で診てもらうことを親子に勧めます。
　②特定の教科で起きていないかを知るために記録しておきます。もし同じ教科であれば、教科担当の教師との人間関係に問題がなかったか、あるいはその教科につまずいて学習意欲を失ってしまったということはないか、などが考えられます。
　③学級の人間関係に問題がないかを調べます。休み時間に嫌なことがあると、精神的に落ち着かず同じ空間にいることに耐えられなくなり、保健室に逃げてしまうわけです。
　④不登校の兆しも考えられますから、単に親に連絡をするのではなく、時間をかけて親と話し合う必要があります。
　⑤校内の徘徊、授業の抜け出しなどのきっかけになることがあります。

必ず理由がある
　①が理由のこともありますから、親を説得して病院に連れて行ってもらいます。たいがいは嘘であることが多く、親の許可をもらい本気で病院に連れて行くと言うと多分、数日は保健室には来ません。
　そうすると必ず②～④に理由があると思って間違いありません。

②を想定して教科担当の教師に、最近授業中にB君と何かなかったかを聞きます。もし思い当たることがあれば、担当の教師と担任とB君の三者で話し合います。

　場合によっては、親も含めて話し合いますが、B君自身に非があるならば、通常は親もわが子を教え諭すはずです。こういう機会さえあれば、気持ちを切り替えることができるはずです。

　また、学習意欲の低下によるならば、特定の教科だけという例は余りなく、保健室に行く教科は増えていくはずです。家庭学習を中心にした学習方法を教え、親にも家庭学習を習慣づける協力を求めます。

　③はよくあるケースです。B君の友達や周囲の子たちから情報を集めます。もし、友達関係にトラブルがあったのなら、通常は学級の誰かは気づいていることが多く、仲の良かった友達だけでなく広範囲に聞いてみることです。友達関係のトラブルというのは誰にも気づかれることなく陰で起こり、その鬱憤を誰にも語ることもなく耐え続けるということはほとんどありませんから、誰かは知っているものです。

　④が理由の場合は、最も対応が難しく本人にも理由がわからないことが多いものです。親ともよく相談しますが、簡単には理由はわかりません。一般的には、不登校の兆しの段階では迷わず積極的に授業への参加を促し、参加できたことをほめて次につなげます。つまり、授業に出られなかったことを責めるのではなく、参加できたことに着目します。

　⑤は軽視できません。校内の徘徊、授業の抜け出しが発展すると、元に戻すには大変な労力を必要としますから、B君ならそうはならないだろうなどと安心してはいけません。もし、B君の全てを知り尽くしているならば良いのですが、人の心の中を知り尽くすことは不可能ですから、根拠なく安心してはいけません。

　ただし、校内の徘徊や授業の抜け出しのような行動は、相当に退廃的な心に染まった行動ですから、ごく健全な生活をしていた子どもがある日突然、校内を徘徊したり、授業を抜け出したりはしません。必ず退廃的な前兆が見られます。例えば、夜遊びをするようになったとか、溜まり場のような場所に出入りするようになったとか、乱暴な言動が増えてきたなど、と。しかも、まず家庭生活の乱れが先にあることがほとんどですから、親との相談は欠かせられません。

　手をこまねいていないで、次々と素早く対応することが生徒指導の基本です。

生徒指導のPoint

①理由を想定してみる。
②想定した理由に次々と取り組む。
③人間関係のトラブルを避けて保健室に逃げる。
④手をこまねいていないで、次々と素早く対応する。

03

保健室が一部生徒の溜まり場のようになってきたがどう指導するか

　私の中学校では保健室がいつのまにか3年生4、5人の生徒の溜まり場のようになってしまいました。さらに、そこに何人かが時々加わり、このままではもっと増えるかもしれません。
　もちろん、厳しく指導したり親にも協力を求めたりしていますが、全く効果がなく困っています。
　当初は保健室にいる時間よりも教室にいることのほうが多かったのですが、いまでは保健室にいる時間のほうが長くなり、飽きると保健室から出て校内をうろつき他の学級に入り込んで授業の妨害をすることもあります。
　私はこのような経験は初めてなのですが、このようなことは他校でもあるものなのでしょうか。また、どうやって解決すればいいのでしょうか。

増やさずに、減らす

　簡単な指導では元に戻すことは難しいです。時間がかかっても粘り強く取り組む覚悟が必要です。そのためには、こうなってしまった過去の指導上の弱点などを教職員間で非難し合ったりしないことがまず大切です。粘り強い取組がしにくくなってしまうからです。
　それには生徒指導主事などが、指導方針や方法を具体的に教職員に提案し、合意を得て進めます。
　簡潔に言うと、まずこれ以上増やさない方針です。増えれば増えるほど集団化し、ますます退廃的な言動がエスカレートします。次に一人でも減らすことです。つまり、増やさずに一人でも減らすという、実にシンプルな方針です。もう一つは保健室にいるときや抜け出したときに、悪さをさせないための方策も必要になります。

長期化すると元には戻らない

　保健室が溜まり場のようになるケースは、全国的にはとても多く見られます。しかも、この現象は1970年代後半から80年代半ばの校内暴力期に日常的に見られ、途切れることなく今日の学校現場、特に中学校現場を悩ませているのです。マスコミなどによって取り上げられることもなく、話

第2部　よくある困った問題をどう考えるか
―担任・学年主任・生徒指導担当者―

題にならないだけです。

　着目してほしいのは、特定の地域や特定の学校だけに見られる現象ではなく、また
いわゆる学校の「荒れ」や「校内暴力」は、この保健室の溜まり場化や頻繁な保健室
通いが、ほとんど例外なくきっかけとなっていることです。

　つまり、"何らかの理由"で教室にいられない（いたくない）ときに、子どもが堂々
と逃げることのできる場所は必然的に保健室しかありません。その結果、教室に戻そ
うとしたり、飽きて校内を徘徊したりするときに、指導する教師と対立し暴力や授業
妨害などが発生します。

　しかし、この"何らかの理由"を見つけることがとても難しく、保健室を溜まり場
にするような頃には生徒の心はすでに深く病んでいるのです。

　したがって、ご質問のように厳しく指導したり親に協力を求めたりしても、教室に
戻らないのは、この問題を抱えた学校の共通した悩みです。私自身の経験やコンサル
タントとして見聞してきたことからも、およそ半年以上、保健室を溜まり場にして校
内を徘徊していた生徒が、教室で授業を受けるようになった例を知りません。

　ここから言える現実的な方針は、「増やさずに、一人でも減らす」という実にシンプ
ルなものです。もちろん、いま保健室を溜まり場にしたり、そこから校内を徘徊する
生徒を放置しておくわけではありません（徘徊については第1部の質問07で述べまし
た）。

　保健室にいるときや抜け出したときに、悪さをさせないための方策が必要になりま
すから、パトロールなどが必要となりますが、その中でその子どもたちの"何らかの
理由"を見つける努力をしてください。

　増やさないための指導は、質問02で述べましたが、退廃的前兆を見逃さずにその理
由を見つけることです。仮に、明確な理由がわからなかったとしても、親と相談した
り本人から話を聞いたりすることによってその行動は抑制されます。親や教師から
「見捨てられていない」という感覚が得られるからです。

　また、減らすには少しでもまだ迷いのある子（教室に戻るかどうか）から取り組み
ます。それでもこれは相当に難しいです。

　減らすよりも増やさないほうがまだ容易ですから、数年はかかりますがゼロにする
ことが可能になります。このようなシンプルな方法しかありません。

生徒指導のPoint

①校内の徘徊、荒れる学校につながる。

②全国的に見られる現象であり、解決は難しい。

③長期化すると解決した例はほとんどない。

④「増やさずに、一人でも減らす」というシンプルな方針。

71

04

授業中に妨害行為をする子を
どう指導するか

　中学1年生のC君の授業妨害に困っています。2学期の10月ごろから特にひどくなり、最近では教科担任とのトラブルが頻発し授業を一時中断せざるを得ないこともあります。

　1学期は女性教師の教科や優しい先生の教科で、立ち歩いたり大声で授業に関係のない話をしたりしていました。その都度、教科担当の先生や担任が注意したり、親とも相談したりして何とか大事にはならずに済んでいました。

　ところが、いまはどの教科でも起こり先生たちが注意すると、暴言を吐いたり机を蹴ったりして授業が中断されることもあります。

　親は最初は学校にも協力的でしたが、最近では子どもの勝手な言い分を認めて先生たちの指導力を批判したりします。

　どのようにすれば良いのでしょう。

外科的治療と内科的治療を併用する

　病気にも外科的治療と内科的治療があるように、同じことが生徒指導にも当てはまります。直接他の生徒に迷惑のかからない問題は内科的治療に重点を置き、迷惑を与える問題は外科的治療を重点にしながら内科的治療も併用します。

　外科的治療とは本人の意向や納得に関係なく、学校側が明確な姿勢を示して外側から心を規制する指導です。内科的治療とはその言動の理由を探り、本人自身が心の内側から、守ろうとする気持ちを育てる指導です。

　例えば、服装や頭髪の違反（第1部質問05）や保健室に頻繁に行きたがる子（第2部質問02）ならば、内科的治療を重点にしたほうが私はいいと思いますが、暴力や校内徘徊（第1部質問06や質問07）、質問03の保健室の溜まり場化ならば、外科的治療をまず優先しながら内科的治療も併用します。

親に授業参観をしてもらう

　ご質問の授業妨害は他の生徒に迷惑がかかりますから、まず外科的治療が必要です。複数の教師が教室内にいたり、廊下で待機していたりします。

第2部　よくある困った問題をどう考えるか
―担任・学年主任・生徒指導担当者―

　もし、授業妨害が起きたら授業中ではない教師が別室に連れて行き指導しますが、従わない場合は数人の教師で強制的に連れて行きます。その場合には暴力的に連れて行かれたという口実を与えないように慎重に対応します。

　教師側のこの対応が不適切だと言うならば、もはや打つ手はありません。どんなに生徒が授業の妨害行為をしたとしても、教師は何もできないということになり、他の生徒も騒然とした中で授業を受けざるを得なくなるからです。

　もちろん、このことは本人に事前に徹底しておくべきことです。いきなり実行するのではなく、予告をしておくのです。

　また、親には実態を知ってもらうためにも来校してもらいます。親が家庭で話してもそれでも妨害行為がなくならない場合は、「次は強制的に別室に連れて行きます」などと親にも予告します。

　私の経験ではここまで学校側が明確な対応を示した場合には、通常は親も本気になるか、学校側の対応に合意するはずです。

　ご質問の親の場合は、子どもの勝手な言い分を認めて先生たちの指導力を批判したりしているようですから、簡単には合意はしないでしょう。それならば逆に親に「どうしたらいいのか」を聞くことです。また、どのように指導力がないと批判しているのか、他の生徒に迷惑がかかっていることをどう思っているのか、などを親とはとことん話し合うことです。

　その上で、合意がもらえなくても「次は強制的に別室に連れて行きます」と親にも予告して実行せざるを得ません。

　以上は外科的治療ですが、内科的治療の併用も忘れてはいけません。多くの親は妨害行為をよしとしているわけではなく、親も内心は困っているのですから、よくよく子どもの言い分や親の言い分も聞き、妨害行為をしてしまう本当の理由を探るべきです。

　必ず具体的な理由がありますから、できるだけ初期のうちに次々と手を打ち素早く対応することが大切です。

　もちろん、外科的治療の親子への予告は管理職も同席し、内科的治療には担任だけでなく親子と人間関係のある教師や学年主任、生徒指導主事などのベテラン教師も同席します。学校全体が問題視し、許されない行為であることを示すためにも必要な取り組み方です。

生徒指導のPoint

①他の生徒に迷惑がかからないなら内科的治療に重点。
②迷惑を与える場合は外科的治療を重点に内科的治療も併用。
③授業妨害は親に授業参観をしてもらう。
④親子には予告して次の対応をする。

73

05

教師に対する暴言をどう指導するか

　先日、中学3年生のD君が理科のN先生に暴言を吐きました。授業中にある実験をしていたとき、N先生に姿勢を注意されて「いちいち、うるさいんだなあ！」と言い放ちました。
　授業の終了後にN先生は、D君を残して話をしましたが、聞く態度も悪くとても反省しているようには見えませんでした。
　そこでN先生は担任のB先生に相談をしました。
　B先生はそのようなD君の態度は見たことがないので、とてもびっくりしました。これまでは教師に対する言動には問題がありませんでしたが、確かに問題のない子ではありませんでした。一過性で終わるのか、大きな問題に発展していくのかが判断できません。
　この場合の「暴言」にはどう対応したらいいのでしょうか。

言葉だけで判断せずに、総合的に判断する

　実は、暴言というのは何をもって暴言というのかは結構難しいものなのです。例えば、D君が「いちいち、うるさいんだなあ！」を「先生、いちいちうるさく言わないでください」と丁寧に言ったら暴言とはならないのでしょうか。
　実際には、この台詞を言ったときの表情、態度や声のトーンによっても受け取り方は変わってきますから、なかなか判断は容易ではありません。
　もしかすると、D君には暴言のつもりが全くなかったのに、授業の終了後に残されたことのほうに怒っていたのかもしれません。
　他の問題行動にも言えることですが、ある場面だけを切り取って判断をしてしまうと正しい判断ができず、逆に生徒の反発を買い人間関係が壊れます。
　担任はこれまでの日常の情報に基づき、D君の暴言について整理してみましょう。そうすると次のいずれかのはずです。総合的に判断がしやすくなります。
　①その場面だけで、これまでN先生の授業でも他の先生の授業でも暴言はなかった。
　②N先生の授業では何回かあったが、他の授業では暴言はなかった。
　③これまで他の先生の授業で何回かあったが、N先生の授業でははじめてだった。

74

④言葉の使い方は微妙で暴言ともそうではないともとれますが、その場面での表情や態度などからは明らかに反抗的態度であった。

このように情報を整理して指導方針を立てるのが、生徒指導の基本です。

ここではこの四つのケースに分けて考えます。

人間関係を築き尊敬される教師になる

そもそも暴言や反抗的態度がでるのは、すでにその生徒と教師との間には人間関係は築かれていなかったと考えられます。教師は生徒から尊敬されていないと、その指導は入りませんから、まず人間関係をつくらなければいけません。

①の場合。しつこく嫌みな叱り方は禁物です。むしろ、D君の問題のない場面を思い浮かべて「前回までのD君がいいなあ」と、良かったときをほめます。この程度のことは思春期にはよくあることですから、陰湿な叱り方はせずに期待を表明します。

②はN先生の授業ではすでに何回かあるのですから、厳しく説教するのではなく、D君の話をじっくりと聞きます。本人の勝手な言い分であってもまず聞くのです。D君を見捨てていない、注目しているという姿勢を示すのです。

特に、嫌いな授業や技能教科、入試に直接関係のない（？）授業では3年生になるとよくあることですから、「なるほどね」「確かにそう思いたくなるよね」と共感します。それからN先生の考えを話すのです。少しでも理解を示してもらえると、子どもは見捨てられていないし注目されている実感を得ることができます。

③は他の教科の先生にも拡大していたということですから、かなり対応が遅過ぎたのと、指導していたのなら効果的な指導ではなかったと考えるべきです。もはや、学年全体で対応する段階であり、当然、親との相談も欠かせません。暴言のレベルで終わらずにさらにエスカレートしそうなとき（例えば、暴力、近くの公共物を壊すなど）には、質問04などで述べたような外科的治療を重点にしながら、内科的治療も併用することになりますから、大変な労苦を伴うことになります。

④は暴言ではなくても、暴言と同じ心情が生徒に働いているのですから、内科的治療に重点を置いて理由を探り指導します。

「暴言」にはこう対応すればいいという、共通のマニュアルはありませんが、一般的には内科的治療が中心になります。

生徒指導のPoint

① 「暴言」の判断は言葉の使い方なのか。
② ある場面だけでなく、総合的に判断する。
③ 情報を整理して指導方針を立てる。
④ 人間関係を築き尊敬される教師になる。

06

トイレのいたずら、落書きなどの破損行為をどう指導するか

　最近、トイレのいたずらや落書き、清掃用具などの破損行為などが多く困っています。しかも、そのほとんどが誰がやったのかがわからず、どう指導すればいいのかわかりません。

　職員間でも意見が分かれています。事実上、破損行為ができないようにすべきだという意見も多くあります。例えば、家庭に事情を伝えてトイレットペーパーを廃止し、当分各自に持参させる、教室にはマジック、チョークなどを置かない、清掃用具は特定の場所に保管して教師が管理する、教室は全て放課後には施錠する、などと生徒に不便さを感じさせるためという目的もあるそうです。

　確かに従来までの指導ではお手上げです。各学級で担任が訴えたり、生徒集会での呼びかけではもう効果はありません。

　他にどんな指導方法があるのか教えてください。

破損行為を起こす心理は何だろうか

　なぜ、破損行為が起きるのでしょうか。

　①校内暴力期（1970年代後半〜80年代半ば）には、特に学校の施設・設備などの公共物が頻繁に破壊されました。学校への報復や腹いせとして起きたと考えられます。

　学級にはまともな居場所のなかった「荒れた生徒」が、自分の学級の公共物を壊したり、悪さをして教師集団と対立し、放課後にトイレを壊したり、校舎の壁に大々的に落書きをしたり、などはよくあったものです。破壊の仕方も激しいのが特徴です。

　報復や腹いせを目的としたものですが、いまでも荒れた学校ではよく見られます。

　②一方で、教師や他の生徒が困るのを見て楽しむことを目的とする破損行為があります。例えば、トイレットペーパーを便器の中に突っ込み、水を何度も流して溢れさせ水浸しにしてトイレを使えにくくしてしまい、困る教師や生徒を見て楽しみます。

　しかし、このことが①の学校への報復や腹いせとして起きることもありますから、その区別はできません。

　③破損行為そのものでストレスを解消することもあります。

　①〜③が複雑に絡んでいるのが破損行為の心理と考えるべきでしょう。

第2部　よくある困った問題をどう考えるか
――担任・学年主任・生徒指導担当者――

多発したら親や生徒と "楽しく" 修繕する

どう指導するか

　やった子がわかれば当然指導はしやすいのですが、破損行為はわからないことが多く、多発するととても厄介です。

　よくある指導は朝や帰りの会で学級の全員に話し、見た生徒がいないかなどの情報を集めるやり方です。破損行為をする側も人前でやるわけではないし、そう簡単に生徒を疑うこともできず、このやり方は昔からうまくいきません。

　しかも、多発すると一般生徒は「またか。どうせわからないよ」と諦め、教師も学級で何度も何度も話すことが嫌になってしまいます。

　そのため次のような指導をするべきだという意見もあります。

　例えば、早朝、校舎に落書きがあったら何事もなかったかのようにきれいに消してしまう。登校した生徒の大半は全く気づきません。

　この方法は功を奏すこともあります。落書きをした生徒は、朝きっとびっくりして騒いでいるだろうと思って登校したら、騒ぎもなければ落書き自体が消えているのですから。ところが、これに懲りて二度目はやらなかったというのならいいのですが、そうはうまくいきません。たいがいは「よし、もっとでかく消しにくいやつで書くぞ」となってしまうものです。そうすると、いよいよ多発し消しても消してもなくなりません。

　そこで次のような方法はどうでしょうか。私は現職時代にはよくやりました。

　「何事もなかったかのように」消したり修繕したりしてしまうのではなく、堂々と休み時間や放課後に生徒と一緒に消したり修繕したりするのです。

　例えば、誰がやったのかわからない廊下の落書きは、生徒と一緒に楽しそうに上からペンキで塗ってしまいます。子どもはどういうわけかペンキ塗りが大好きで、楽しそうに世間話をしながらやります。そこを通る子の中にきっと落書きをした "犯人" がいますが、「なんだよ、楽しそうだな」と思い当てがはずれます。清掃用具の破損が多発したら、「修繕隊」を結成します。隊長には修繕好きの子を任命し、「○○君は実に上手だ」とほめ称えます。壊した子は「なんだよ、俺のお陰であいつがほめられてるよ」と少しおもしろくありません。つまり、先の①と②の心理的目的は薄れてしまいます。

　厳しく叱るのもときにはもちろん必要です。しかし、やった子は一人なのに、残りの数百人を「誰だ！　こんなことをしたのは」と叱ってもあまり効果はありません。

生徒指導のPoint

①学校への報復や腹いせの心理がある。

②教師や他の生徒が困っているのを楽しむ心理もある。

③密かに修繕するより楽しみながら堂々と生徒と修繕する。

77

07

仲間はずれになりがちな子を
どう指導するか

中学1年生の学級担任ですが、私の学級のE子さんはいろいろな場面で仲間はずれになってしまい、どのようにすればいいのか困っています。

例えば、学級で係を決めるときにもE子さんの希望した係には、他の子は希望しないため私が他の子に頼んで定員を満たすようにしています。校外学習で5〜6人の班をつくるときも、他の班に頼んで入れてもらうことになります。

E子さんにとっては気まずいはずで、何とかしてあげたいのですが、私には担任の経験も浅くどうすればいいのかわかりません。

小学校の担任からは、6年生の途中で転入してきて友達も少なく、みんなと行動するのが苦手とだけ聞いています。

仲間はずれになる理由を探る

仲間はずれになってしまうのは、必ず理由があります。私の経験上で実際にあった理由を挙げてみます。

①友達になると人間関係にトラブルが起こり、そのためみんなから拒絶されるようになってしまった場合です。トラブルの原因は約束を守らない、嘘をつく、嫌なことを言う、などといろいろですが、明らかに本人に原因があり嫌われてしまったわけです。攻撃はしないがかかわりたくない場合です。もちろん、だから仲間はずれにして良いということにはなりません。

②過去に実際に嫌われるようなことをしたとしても、いまはしていません。それなのに学級・学年全体から嫌われるのは、うわさを聞いた子たちがいまでもそうであるかのように思っているだけなのです。例えば、何の根拠もなく不潔だという理由で嫌う場合があります。過去のことやうわさが仲間はずれの理由にされている場合です。

③本人の容姿や個性（のろい、もじもじする、など）、障害などを理由にしてかかわりを嫌う場合です。これは不当な理由による差別であり、人権問題と言えます。

一部の発言権の強い生徒たちが嫌っているため、その生徒たちに合わせている場合が多いです。

この三つは理由が全く違います。

第2部　よくある困った問題をどう考えるか
―担任・学年主任・生徒指導担当者―

①は本人自身に原因があり、②は過去のことやうわさ、③は好き嫌いではなく人権問題、ということになりますから、その指導方法も全く違うものになります。

ケースによって指導方法が全く違う

どう指導するか

　担任は、E子さんはどのケースの理由なのかを早急に判断しないと対応ができません。

　まず、E子さんから仲間はずれになることについてどう思っているかを聞きます。通常は、とても嫌な気持ちで過ごしていることを言うと思いますから、担任の気持ちも伝えます。先生も何とかしたいと思っていることを伝えます。

　まれに「へっちゃらです」「どうでもいいです」と強がる子もいますが、本心は違いますから、仲間に入れてもらえない理由を一緒に考えます。思い当たることを言えるかもしれませんが、多くはあっても言わないでしょう。なかなか言いたくないものです。

　そこで他の生徒たちからも聞きます。嫌っている子たちからと、正義感のありそうな子たちから聞きます。そうすると①～③のどれか検討がつきます。

　①ならば本人が理由を自覚しているのかを確認し、直す努力をさせます。本人の了解をもらって「○○さんは、こういうところは直したいと決意しました」と公表し、「今日から仲間に入れてやってください」と担任が宣言します。このほうが取り組みやすいからです。公表も宣言もせずに自然に解決していくことはありません。

　②の場合は、担任が「過去の間違いは誰にでもあり、いまは違うなら水に流そう」、あるいは「みんなはうわさでそう思っているだけだ。根拠がない」などと訴えます。

　実際、「汚い」と言われて嫌われていた子がいましたが、私は「どこから見ても何も汚くないですよ」と言って励まし、翌日、私は昼食時にその生徒のおかずを「あっ、これ先生の好物なんだ」と言ってぱくりと食べました。教室中が一瞬シーンとなりました。「汚い」と言われていた子のおかずを食べたのですから、担任はこの子の味方であることを宣言したようなものです。

　この苦肉の策は功を奏し、やがてこの生徒に対する接し方は変わっていきました。

　③は「キモイ」「汚い」「寄るな」などの言葉を投げつけることによって行われ、人権問題であることを全員に話します。「いじめ自殺事件」によく見られます。

生徒指導のPoint

①仲間はずれになる理由を探る。

②本人に理由があるなら、了解の上で公表し取り組む。

③過去の間違いは水に流す、うわさには根拠がないと説明。

④「仲間はずれ」には人権問題の場合がある。

79

08

教室がすぐに汚くなるがどう指導するか

　教室がすぐに汚れます。どんなに綺麗にしていても午前中の早い時間に汚れてしまいます。私はとても嫌なのですが、生徒はもちろん学年の先生たちもほとんど無関心で気にならないようで困っています。
　廊下も綺麗ではありません。学校の中も汚れていますが、そのことが話題になったこともなく、私が気にしすぎるのかなと思ってしまうこともあります。
　学校はいわゆる「荒れた学校」ですから、生徒の問題行動も多くそれどころではないのですから、余り神経質になるべきではないのでしょうか。
　どう考えたらいいのか、また方策があれば教えてください。

綺麗にしておくことは、生徒指導そのもの

　私の経験では荒れた学校は、教室はゴミだらけ、昇降口などには捨てられた上履きや折れた傘が散乱しています。「荒れ」と「汚れ」は無関係ではありません。しかし、そこに因果関係があるわけではなく、教室や校内を綺麗にすると落ち着くわけではありません。

　落ち着いていても教室や校内が汚い学校もあれば、荒れているのに先生と生徒たちの努力で綺麗な場合もあります。落ち着いているということは、指導がしやすいので学校を綺麗にできる、ということです。荒れていると指導が通らないため教室や校内も汚されます。

　ご質問の先生は、同僚の先生たちの"無関心"を嘆いたり、自分の教室だけを綺麗にしたりするのではなく、学年の廊下や共通の施設などを積極的に綺麗にする取組をやってみてください。ただし、一人で黙々と綺麗にするのではなく、生徒と一緒に取り組むのです。やがて他の先生も無関心ではいられなくなります。

　そうすると綺麗な状態を保つためには、生徒の心の中に綺麗にしておこうという意識を育てなければいけないし、そのための指導には手順があることもわかります。

　これは生徒指導そのものです。汚れるには必ず理由があります。その理由を探るのは生徒指導の基本です。理由がわかれば、それに対応した方策を考えますが、きっと「荒れ」そのものと共通した理由にたどりつくはずです。

第2部　よくある困った問題をどう考えるか
―担任・学年主任・生徒指導担当者―

よく観察する

どう指導するか

　ご質問の件に限らず、生徒指導はまず自分の目と耳で事実を確認してください。それには生徒の様子をよく観察します。

　朝、綺麗だった教室がどうして数時間後には、どのようにして汚れてしまうのかを見つけるのです。「ゴミを床に捨てるな！」と怒っても構いませんが、繰り返されるなら無駄です。

　2、3日観察しますが、注目するのは「最初のゴミ」です。最初のゴミは次のゴミを容易に生みやすくし、多くのゴミを増やします。何気なく捨てられたのか、後でちゃんと捨てようと思って机上に置いておいたゴミが落ちたのか、意図的に誰かが捨てたのか、などをつきとめます。

　そして、このゴミの増えた経過を生徒にも「先生のゴミの研究」として真面目に話します。「昨日は理科の実験プリントを切ってノートに貼り付けたね。その切れ端を床に落とした人がいました。ここからですよ。どうでもよくなり、どんどんゴミがゴミを呼んでいきました」などと、最初のゴミ対策をします。

　あるいは意図的に床に捨てる生徒もいます。「いちいち後ろのゴミ箱まで面倒くさくて、つい」と言う生徒には机の横にゴミ袋を付けさせます。でも、本当の理由は「ゴミ箱なんかに丁寧に捨ててられるかよ」と思春期によくある「強がる」という心理が働いているものです。

　このようによく観察し方針を立てるのは指導の基本ですから、たかが教室の汚れくらいと馬鹿にしてはいけません。これができなければ他の問題の指導もできません。

　こういう指導もあります。「やってみせる、一緒にやる、させてほめる」です。

　授業の終了後に担任は自分の学級に寄り、「あっ、ゴミが落ちてるな。だめだなあ、ゴミ箱に捨てないと」と言って担任自らが拾います。最低1日数回は行い、これを1週間以上続けると、生徒は「担任は、教室を綺麗にしておきたいんだ」と思ってくれます。

　今度はゴミを見つけたら生徒に一緒に手伝ってもらい、「ああ綺麗になった。気持ちがいいね。ありがとう」とまた1週間以上は続けます。コツは快く引き受けてくれそうな子に頼みます。ここまでの数週間で担任のしつこさが定着し、生徒は半ば諦めて頼まれれば「俺のゴミじゃないよ」とは拒否しなくなります。

　仕上げは教師が「あのゴミ、拾っておいてくれる」と頼み、後でほめておきます。

生徒指導のPoint

①綺麗にしておくことに、生徒指導そのものがある。
②どのようにして汚れていくのかをよく観察する。
③「やってみせる、一緒にやる、させてほめる」。

81

09

他人に嫌がる行為を頻繁にする子を
どう指導するか

　中学1年生のF君は、他人にちょっかいを出しトラブルをよく起こします。例えば、借りた鉛筆を投げて返し相手に嫌がられる、教室の通路を歩いてお互いに触れただけで「ぶつかんなよ！」と言って突き飛ばす、給食の係でおかずを乱暴に配り相手に嫌がられる、などということが頻繁に起きます。

　F君にはその都度やめるように厳しく指導し、親にも連絡したりしているのですが、しばらくするとまた繰り返します。

　そのため仲の良かった友達もだんだんと離れ、すっかり孤立してしまったようです。

　このままではますますエスカレートすることを心配していますが、何か効果的な方法がないものかと困っています。

　F君の親は協力的ですが、なぜこんなことをするのか悩んでいます。

「嫌がらせ行為」を軽視してはいけない

　小学校中学年から中学1年生の時期には、他人に「ちょっかい」を出すなどのトラブルはよく起きることです。

　しかし、この「ちょっかい」という捉え方は正しくありません。日常語の「ちょっかい」には本質的な悪さではなく、よけいなことをして事態を悪化させたという意味合いが強く、この言葉で報告したり相談したりすると、重大性は伝わりません。

　事態を正しく反映した言葉を使うのも生徒指導の基本ですが、このF君の行為は「嫌がらせ行為」とするべきです。

　なぜ、「嫌がらせ行為」をするのかを整理しておきましょう。

　①F君に「嫌がらせ」という認識があってやっている場合。何らかの理由があって意図的に特定の相手に向けられることが多いですから、いわゆる「いじめ」のことです。「嫌がらせ行為」の重大性を教え、担任は許さない姿勢を示します。

　②F君の場合は多分こちらではないかと判断できます。「嫌がらせ行為」の認識がなく、また大きな理由もなく、場当たり的にやります。

　「これくらい大したことない。みんなやっているよ」などの言い訳が伴うことが多

いです。「大したことがないかどうかは、君が決めることではない」と、された子の立場になって考える指導をしなければいけません。

①の場合も②の場合も、この「嫌がらせ行為」をする理由は何でもよく、しかも相手側には何の責任もないことがほとんどです。本当の理由はする側のほうにあって、「俺のほうが上だ（強い）」「他のやつはやれないが、俺にはできる」などと「注目される」「認められる」ためにするのですから、この歪んだ満たし方を正していくのはとても時間がかかり根は深いのですが、この取組をしないとまず減ることはありません。

注目して認める

この歪んだ満たし方を正していく取組が指導ということになります。しかし、増えていく被害者をそのままにはできませんから、質問04でも述べた外科的治療と内科的治療を併用して取り組みます。

この場合の内科的治療とは、「注目して認める」ことです。

通常は、小さいときには家庭や小学校でその年齢に応じて、親や家族から注目され認められる体験を積み重ねていきます。例えば、母親から「あんたは、〇〇がうまいね」「あんたのおかげで助かったわ」などという何気ない会話で親から認められます。

また、地域や学校での友達の中で「〇〇が得意だね」「君がいないと困るよ」などと他人の評価を得ることによって、注目され認められる体験をします。

このような体験の豊かな子は、「自分には価値がある」と実感していますから、他人を攻撃して自分を上にする必要がなく「嫌がらせ行為」をする必要もありません。具体的には、このような体験の場が学校には授業、係活動、委員会活動、行事、部活動などとたくさんあります。このような場で他人とかかわりながら体験していきます。

外科的治療とは、起こした「嫌がらせ行為」の事実を確認して厳しく指導したり、相手に謝罪をさせたりして外側から本人の行動を規制することです。時には教室で見守ることも必要です。つまり、被害者が出ないようにするためです。

親との連携も欠かせません。F君の家庭生活での様子を聞いて、内科的治療の参考にします。親から「かわいがられている」「見捨てられていない」という感覚が育っていないと、「自分には価値がある」という実感は得られません。また、本人を説得したり、謝罪の場に同席してもらったりもします。

生徒指導のPoint

①事態を正しく反映した言葉を使うのも指導の基本。
②「嫌がらせ行為」を軽視してはいけない。
③なぜ「嫌がらせ行為」をするのか。
④親との連携が欠かせない。

10 人間関係のトラブルの多い子をどう指導するか

　中学1年生のK子さんは人間関係を巡るトラブルが多く、保健室で過ごすこともあれば昼ごろに登校して来ることもあります。
　事情を聞くと、友達とうまくいかずグループからはずされたそうです。過去にも何度かあり、最近違うグループになったのですが、また起きました。
　そのため私はK子さんに、「グループなんてつくらなくてもいいんじゃない」などと言ったため、「先生はわかってないのよ。もういいです」と怒り、相談しても何も話してくれなくなりました。
　担任の私にはよく理解できません。そんなにグループになっていたいものなのか、独りではいけないのか、どうして度々うまくいかなくなるのか、普通に付き合うということができないものなのか、などと不思議になります。
　どのように考えたらいいのか、指導方法も教えてください。

独りではいられない

　この時期の特に女の子はこの種のトラブルが多く、担任を悩ませます。悩みが深刻になると、授業の遅刻や保健室通いなどにもつながり放置できません。

　人にはもともと集団（グループ）に所属したいという欲求がありますから、グループになりたがるのは不思議なことではありません。一時期話題になりましたが、大学生が昼食を学食で独りで食べるぐらいなら、便所で食べる「便所飯」もそうです。

　確かに人は独りでは成長できず、他人とのかかわりの中で「評価」を受けて自分の長所も欠点も知っていきますし、他人から認められたり他人から必要とされたりすることによって自分の存在価値を見つけていきますから、常に他人とのかかわりが必要です。

　すると、このグループからはじかれないようにするには、グループ内でうまくやっていかないといけませんので、空気を読んで行動しなければいけません。自分はどう思うかよりも、グループの友達はどう思うかが行動の基準になり、いわゆる「KY」（空気を読めない）を恐れます。これが普通の子どもたちの心理です。

　通常、幼いときにきょうだいや近所の子たちなどの小グループの中で、「評価」を受

け自分の存在価値を見つけます。また、小さなトラブルなどを経験して「空気の読める」子になっていくのですが、いまはきょうだいも近所の子も少ないです。

　ご質問の先生の体験にはなかったことかもしれません。一般的に学校の教師になった人の思春期にはこのような体験は少ないと思われます。比較的順調に成長し、認められ必要とされる体験によって、その時期なりに自分の存在価値を確認できていたからです。ですから、人間関係のトラブルは余り経験していないものです。

　このトラブルには説諭も説教も役には立ちません。

もつれた糸を解きほぐす作業

　決して「独りでもいいじゃない」「グループに入らないで過ごしなさい」と説諭してはいけません。まず、同じ土俵にのります。

　例えばこんな感じで会話をします。K子はA子、B子など4人グループだとします。

「今日、また授業に遅刻して来たのは、A子さんとまたトラブルがあったからだね」
「何が原因なのか、わかるの」（それから思い出すためにいろいろ聞きます）
「あっ、ちょっと待って。それじゃない！　A子を非難するようなことをB子に言ったのね」
『でも、そんなつもりは全くなかったのに』
「それが真意でも間接的に伝わるときは、歪んで伝わることが多いのよ」

　こうやって丹念に聞いて糸のもつれたところを見つけます。

　一昔前なら、グループ内で話し合う場を設定して解決したこともありましたが、いまはそこまでの教師の介入は嫌います。そこで、K子さんには内緒でA子さんとB子さんにも聞いてみます。K子さんに頼まれたのではなく、先生の独自の判断であることを確認して「いったい、何があったの」と聞いてみます。そうすると事実が全く違ったり、あっさりとK子さんを受け入れてくれることもあるでしょう。

　とにかくこの種のトラブルには、推測も役に立たずシナリオもありません。もつれた糸を解きほぐすようなもので、ちらっと見える糸の先から時間をかけて丹念にほぐすのですから、気長に付き合います。

　ところで、このようなトラブルの多い子は3年間でトラブルがなくなるのかと言うと、確実に減りますがなくなりません。たくさんの経験をすることによってしか超えられないのです。

生徒指導のPoint

①なぜ、独りではいられないのか。
②もつれた糸を解きほぐす。
③時間はかかるが、丹念に聞いて糸のもつれを見つける。

11

集会を開いても整列に時間がかかり、私語が多くどう指導するか

　私の学校は数年前から荒れています。数年前は相当に荒れていて、毎日問題行動の対応に追われていましたが、最近はだんだんと落ち着きを取り戻してきて、いまでは授業が中断することはなくなりました。

　数年前は余りに荒れていたために、全校集会や学年集会も廃止しました。一部の生徒の妨害でやれる状態ではありませんでした。週1回の朝会も放送でやっていましたが、ようやく今年になって集会活動をするようになりました。

　ところが、やってみると整列には時間がかかり、整列しても私語が多く集会になりません。教職員からは「やはり当分また中止にしてはどうか」という意見が挙がってきました。

　私は中学2年生の学年主任ですが、また当分の中止には迷っているのですが、対策もなく困っています。集会を成功させるコツなどというものがありますか。

集会には教育的意義がある

　「集会」という形で行われる活動は、学校教育の場面にはたくさんあります。おおざっぱに分けると、効率よく正確に何かを伝えるための集会と学校生活を豊かにするための集会があります。前者は朝会や校外学習の事前指導の集会、後者は子どもが主体となって楽しい企画を催したり、子どもたち同士で学校生活上のことを訴えたりする集会です。

　後者の集会には多くの教育的意義があります。学校はまず楽しくなくてはいけませんから、楽しい企画の集会が必要です。また、その企画をする子ども自身が活躍できますから、成功すれば他の子どもたちから「認められる」「必要とされる」などの実感を得ることができます。

　さて、ご質問の学校は「荒れている学校」ですが、いったい何人が荒れているのでしょうか。私の経験では5、6百人いても5、6人の生徒ではないでしょうか。つまり99％は普通の生徒といってよいはずです。もちろん、先生たちの気持ちはわかりますが、1％の生徒の荒れる場をなくすために99％の普通の生徒が活躍する場をなくしては、どうやって生徒を育てるのでしょうか。

集会を成功させるコツ

集会を成功させるには、技術的なコツがあります。まず一度ダメな集会をよく観察してみてください。ここでもよく観察することが指導の基本です。

まず生徒が並べないのは並ぶ順がはっきりしていないことがほとんどです。はっきりしていないから並びたい者同士で並んで私語に興じることになります。背の順などというのはいけません。身長は伸びますから、たえず背比べが始まり並びません。

背が小さいので前というのは生徒によっては屈辱的ですから、一つでも後ろに行きたいのは当然です。いついつまではこの順ですと事前に決めておきます。

さっと並べる練習も数回しておきます。

担任は前のほうにいてはいけません。後方は前よりも集中しにくいので、担任は最後尾にいることです。遅れて来た子は最後尾につけます。集会が始まり私語が多く注意をしても繰り返すなら、並び順は変更することを事前に言っておき実行します。

集会中の私語対策はとても難しく、外科的治療に頼ることになります。

通常の学校はこれで集会は始められます。もし、ダメならもう一度よく観察してみてください。必ずすぐに並べない理由があります。私語が始まるのにも特定の生徒からとか、特定のことをきっかけになどと理由があります。

教師が「今日は理由を見つけるぞ」という意識がなくては、見逃してしまいます。

ところが、「荒れている学校」はここに一部の生徒の横暴な振る舞いが加わりますから、大変な苦労が伴います。荒れた生徒が遅れてきて整然と並び、私語もなく最後まで参加しては、荒れた生徒の沽券にかかわりますから、その荒れ具合に応じて集会を乱すのは当然です。ですから、その姿を見て失望する必要はありません。目的は99％の普通の生徒ですから、この生徒たちがどうだったかに着目すればいいのです。

しかし、横暴な振る舞いには"特別チーム"をつくり、体育館の外に連れ出すなどの指導は当然のことです。もちろん、本人にも親にも事前に説明しておきますが、合意が得られなくても実行します。

もし、集会がうまくいったら企画の中心になった生徒を評価します。この「評価」というのは単にほめちぎるということではありません。「君たちのお陰でたくさんの生徒が楽しかったと言っていた。またやりたいと言っていたよ」「4組のA君とB君はあのゲームですっかり仲良くなったらしいよ」などと、具体的に伝えます。

生徒指導のPoint

① 集会には教育的意義がある。
② 並べない、私語が多い、は理由が必ずある。
③ 「評価」をきちんとする。

12

どんな情報を共有し報告すればいいのか

　私は中学1年生の担任で学年の生徒指導係をやっています。教師歴は7年で担任歴は5年ですが、今年から学年の生徒指導係になり、いつも困っていることがあります。よく「情報の共有」だとか「報告・連絡・相談」などと言われますが、いったいどんな情報を指すのでしょうか。

　私の学校は落ち着いた学校とは言えず、いろいろな問題行動がありますから、5クラスでは毎日何件もあります。多い日は10件前後あり、私は生徒指導係としてそれを集約して、学年主任や生徒指導主事にも報告します。

　全部報告していては、学校全体では数十件になりますから、ついつい「これは些細なことだろう」「これは一過性のものだろう」などと判断して重要なものだけを報告していましたが、つい先日、些細だと思って報告しなかった件が、実はいじめ問題に発展してしまい、管理職から叱責されました。

　明らかに重大なものはわかりますが、一見、些細な情報から重大な問題に発展するかどうかは、いったいどうやって判断するのでしょうか。

些細な情報か、重大な情報かは誰にもわからない

　明らかに重大な問題行動、例えば暴力や授業の抜け出しなどは誰も迷いません。しかし、この問題行動もある日、突然起きるのではなく、小さな問題を繰り返しながら徐々にエスカレートしていくのが大半です。

　エスカレートしていく初期の段階で、重要かどうかを判断するのは誰もできません。地震の予知が不可能なように、大地震の数日前のあの地震が予兆だったと思うのは、結果として大地震が起きたからわかっただけです。

　重大な問題行動に至るまでの前兆など、推測するほうが無駄なことです。逆に推測して「些細なことだ」と判断してしまうほうがとても危険です。

　では、全てを重大な情報として報告するのでしょうか。基本的にはわからないのですから、そうすべきなのですが、実際には次のようにせざるを得ないでしょう。

　もし、担任が初めての教師ならば、最低1年間は全ての情報を報告してもらい、一緒にその情報を吟味しなければいけません。教師にはもともとその情報の判断能力がなくて当たり前なのです。このような能力はどんな成育過程でも養われません。

第２部　よくある困った問題をどう考えるか
―担任・学年主任・生徒指導担当者―

教師になって経験しない限り無理なのですから、生徒指導の能力がないと批判したり本人が自信を失ったりする必要はありません。むしろ、経験者の指導力の問題です。

１年間も続ければ、ある程度は些細か重大かは判断できますが、100％当てることは不可能です。はずれると重大な結果に至るでしょう（第１部質問02）。

ある程度の経験がある担任からの報告ならば、いちいち吟味する必要はなく、例えば、「３組のＡ君が休み時間にＢ君の机を蹴り言い合いがあった。Ａ君を放課後指導しましたが、二度としないと約束させ謝罪も終了。明日からは様子を見ておくつもりです」などと報告を受けておけばいいでしょう。すぐ終わります。

私自身の経験で言うと、かなり些細な情報も受けることにしていましたから、何らかの指示や相談も含めて、毎日かなりの時間を費やしていました。

指導の結果を確かめること

ご質問の先生は学年の生徒指導係ですから、さらに続きがあります。ここからがいよいよ係の仕事が問われるところです。

情報は集めて次の誰かに報告しても何の意味もありません。生徒指導係の先生が、注目しておくのは重大な情報よりも一見、些細な情報です。誰も注目しないような些細な情報に着目することこそが重要です。重大な情報は学年主任にも生徒指導主事にも報告されて注目されますから、指導は困難でも見過ごされることはありません。

先の「Ａ君が休み時間にＢ君の机を蹴り言い合いがあった」を例にとりましょう。

実によくあることですが、これでもうなくなるのかはまだ誰もわからないのですから、係の先生はこのＡ君の言動に注目しておくことが大切な仕事の一つなのです。何日か経って、今度はＣ君を冷やかして怒らせたという問題があったとします。

担任の先生からすると相手も違うし内容も違うから、大したことではないと判断するかもしれません。しかし、前回の指導がうまくいっていなかったということですから、次の段階の指導に移らなければいけません。つまり指導の結果、それがうまくいっているのかを確かめる（見守る）という重要な仕事が係にはあるのです。

ご質問の先生は、ここを見落としたからいじめ問題に発展させてしまったのです。

ですから、係はどんなことでもメモする習慣がないと覚えてはいられません。メモも一目でわかるような簡潔なものが役立ちます。

生徒指導の**Point**

①些細な情報か、重大な情報かは誰にもわからない。
②指導の結果を確かめることが係の仕事。
③些細な情報に注目し、どんなこともメモする。

89

13

荒れている子の保護者とどのようにして信頼関係をつくるのか

　私は30代の女性です。経験も10年で、2校目です。前任校では対応に困る保護者はいなかったのですが、いまの学校では保護者の対応に苦労しています。特に荒れている子の保護者の対応が苦手で、ついついできるだけ早く終わらせたいと思って電話連絡で終わらせてしまい、かえって悪化したこともあります。
　苦もなく対応できている先生を見ると、羨ましく思います。もう、中堅教師になっていきますから、そんなことではだめだと思い悩みながらやっています。
　特に、荒れた子が何かしていると見たくない、問題行動と思いたくない、という思いが親の顔とともに頭をよぎります。最近はそういう自分にも嫌気がさし憂鬱になります。
　こういう自分でも、得意になることができるのでしょうか。転勤して逃げたところで協力的な保護者しかいないという保証もないし、いよいよになったら辞めればいいとまで思っています。

大きな問題が起こる前に知り合う

　この文面を読んだ限りでは、若い頃の自分もそうでした。
　「子は親の鏡」と言いますから、「荒れた子」の親には確かに大変な親がいます。
　ですから、このような親に嫌悪感を抱くのも、対応に苦労するのも当たり前なのです。このような親への対応がもともと得意だという教師は一人もいません。
　ところが、どんな親も子どもへの願いに大差はないのですが、ただ運悪く担任と出会ったときには、すでに学校との信頼関係が失われていたわけです。ここから出発すればどんな教師もうまくいきません。
　しかし、担任はここから出発するしかないのです。世にある「保護者対応のコツ」（第1部質問13）もほぼ役には立ちません。大きな問題が起きてから会うのがダメなのです。大きな問題は当然、責任を厳しく問いますから、不穏な空気が流れます。
　それよりも些細な問題、できれば他人に迷惑をかけた言動ではなく生活上の問題で親と対面する機会をもちます。

第2部　よくある困った問題をどう考えるか
―担任・学年主任・生徒指導担当者―

たくさん世間話をする

　些細な問題で、意識的に家庭訪問をして親といろいろな世間話をしてください。できるだけ一人で行かずに複数で行くことです。片方が対応している間に次の話の段階を考える余裕ができるからです。世間話から家族のこと、夫婦のこと、子どもの成育歴などが話題になるには数回は必要でしょう。しかも最初は玄関先で終わる場合から始まります。

　世間話の入り口は何でもいいのです。「いい場所に住んでますね」「この額縁の絵は誰が描いたのですか」「このソファー座り心地いいですね」。すると、何か反応はありますから、「そうですか、以前は〇〇に住んでいたのですか。お父さんがこっちに転勤になったのですね」などと会話を続けて、相手が余り話したくないようなら続きはまた次回にします。

　こうしてまた些細な問題をもって世間話をしに行きます。

　時には、自分の子育ての失敗や苦労も語ることです。決してうまくいった話やわが子の自慢話は禁物です。私は、子育ては苦労と失敗ばかりでしたからたくさん語れました。

　こうして親が自ら苦労や悩みを語るのを待ちます。通常、どんな荒れた子の親もそれでいいと思っている親はいませんから、必ず家庭の本当の姿を話してくれます。

　ここまでで結構な回数と時間を要しますが、急がば回れです。すでに荒れた生徒本人の教師に対する表情は1対1のときは変わってきます。敵視した目つきはやや柔らかくなります。なぜなら、担任は家庭の事情を知っているからです。日常生活でも、深く知り合うと互いに親近感を抱くのと同じです。

　こうして私の場合は「荒れた生徒」の生い立ちに共感できるようになりました。「この家庭環境では荒れないほうがおかしい。この子には何の責任もないのではないか」とわかると、その生徒が愛おしくなります。私のコツはこの「愛おしくなる」ことです。「愛おしくなる」と、「荒れた生徒」との会話の内容も変わります。そうすると、いよいよ親とも話しやすくなります。やがて遠からず大きな問題が起きるに違いありませんから、そのときにこそ世間話の積み重ねは生きてきます。

　しかし、これほどの時間を費やして荒れた生徒の一部の親と付き合うのは大変なことですが、滅多にはいませんからご安心ください。たいがいは、予想よりも早く知り合いとなり本音を語ってくれます。

生徒指導のPoint

①大きな問題が起こる前に知り合う。

②たくさん世間話をする。

③「荒れた生徒」の生い立ちに共感できるか。

14

生徒指導をどうやって学ぶのか

　私は社会科の教師ですが、生徒指導をどうやって学ぶのかがわかりません。
　社会科を教えるなら「教材研究」をします。例えば、「鎌倉時代」を教えるなら、まず自らの鎌倉時代の理解や知識などを歴史学の書物から学び直します。次に中学生に教えるべき内容を教科書・指導要領などで確定し、最後にどう教えるかを考えます。つまり、先人の成果に学ぶことができるわけです。
　この「教材研究」に当たるようなものが生徒指導にはないのでしょうか。「生徒指導」と銘打った書籍を何冊も読みましたが、余りに抽象的で実践的ではありません。
　そう思って今度は「実践書」を読みましたが、今度は学校も違えば生徒も違いますし、そもそも実践している教師も違うのですから、そのまま真似をしてもその通りにうまくいくはずがありません。
　結局、生徒指導というのは自ら身に付けていくしかないのでしょうか。そうだとすれば、とても、能率の悪い分野だと思ってしまいます。

指導方法のつくり方を身に付ける

　ご質問の先生が言うように、生徒指導は自ら身に付けていくものでとてもマニュアル化できないのです。ですから、学ぶには能率の悪い分野だと言えそうです。生徒指導で起きる場面には、二度と同じ場面はありませんから。しかし、よく言われる「魚を与えるのではなく、魚の釣り方を教えよ」のように、指導方法を次々と教えてもらうよりも、指導方法のつくり方を身に付けることです。
　もちろん、どんなことにも対応できる指導方法のつくり方はありませんが、比較的こうするとつくれるというものはあります。
　その一つが、とことん「なぜなのか」を繰り返すことです。

とことん「なぜなのか」を繰り返す

　例えば、A君は周囲の者に対し絶えず嫌がる言動を繰り返すとします。通常、この言動は厳しく叱り二度としないと約束させ謝罪させますが、「なぜ、そんなことをしたのか」と聞きます。何か理由は言いま

第2部　よくある困った問題をどう考えるか
―担任・学年主任・生徒指導担当者―

す。例えば「だって、あいつからぶつかってきたからだよ」と言えば、担任はまた説諭します。

　ところが、また嫌がる言動をしたとします。教師はまた叱らなければいけませんし、周囲の子たちにも対応策を教えますが、A君には「なぜ、またやってしまったのか」と聞き理由を探ります。そうすると、例えば「だって、あいつは俺の悪口を言ったからだよ」などとまた言うでしょう。

　ここら辺りで教師は理由がわかったと思ってしまいますが、これでわかったつもりになってはいけません。

　大事なのは今度は「なぜ、繰り返すのか」の理由です。事実と違う理由が多く攻撃をするための嘘の口実を言ったりしますから、これからも繰り返すはずです。

　もちろん、親とは連絡もとり相談もしていなければいけません。親を含めて話し合うこともあります。繰り返す理由にたどりつかないと、真の指導はできません。

　そうすると、どこかで今までとは違うことを言います。これまでは相手のほうが悪いからだと言っていたのが、例えば教師の「それくらい、気にしなくてもいいのでは」という言葉に対して「だって許せないよ。俺のほうが弱いってことじゃないか」などと本音を言います。

　これを聞き逃してはいけません。

　子どもはしゃべればしゃべるほど、本音が増えてきますから、絶対にそこで怒ったり説教をしてはいけません。二度と本音は言わなくなります。

　どうせ叱っただけでは繰り返すのですから、本音を引き出すまで我慢します。

　「なぜ、弱いってことになるの」。もちろん、すんなりとは答えられません。本人だって明確に自覚できてはいないのですから。

　「弱いって思われるのは嫌なの？　じゃあ、M君にもそう思われたくないの」

　「いや、M君にそう思われるのはしかたないよ。でも、あいつにはそう思われたくないよ」

　「なぜ、あの子はだめなのかな。でも、何となく君の理由はわかってきたよ。なるほどね。今日は疲れたから、ここまでにして、明日また聞かせてよ」

　次回はまたなぜから始めます。

　私はこうやって問題行動の背景には、「人よりも上になりたい」という欲求があることに気づきました。「人より強くなりたい」と言い換えてもいいです。

　するとその子の得意なことや好きなことを見つけて、「人よりも上になれる」活動や機会をつくればいいとわかります。こうして指導方法が生まれます。

生徒指導のPoint

①他人の理論や実践を学ぶのではなく、指導方法のつくり方を身に付ける。

②とことん「なぜなのか」を繰り返す。

③例えば、「人よりも上になりたい」にたどりつく。

93

第2部　よくある困った問題をどう考えるか
―担任・学年主任・生徒指導担当者―

す。例えば「だって、あいつからぶつかってきたからだよ」と言えば、担任はまた説論します。

　ところが、また嫌がる言動をしたとします。教師はまた叱らなければいけませんし、周囲の子たちにも対応策を教えますが、A君には「なぜ、またやってしまったのか」と聞き理由を探ります。そうすると、例えば「だって、あいつは俺の悪口を言ったからだよ」などとまた言うでしょう。

　ここら辺りで教師は理由がわかったと思ってしまいますが、これでわかったつもりになってはいけません。

　大事なのは今度は「なぜ、繰り返すのか」の理由です。事実と違う理由が多く攻撃をするための嘘の口実を言ったりしますから、これからも繰り返すはずです。

　もちろん、親とは連絡もとり相談もしていなければいけません。親を含めて話し合うこともあります。繰り返す理由にたどりつかないと、真の指導はできません。

　そうすると、どこかで今までとは違うことを言います。これまでは相手のほうが悪いからだと言っていたのが、例えば教師の「それくらい、気にしなくてもいいのでは」という言葉に対して「だって許せないよ。俺のほうが弱いってことじゃないか」などと本音を言います。

　これを聞き逃してはいけません。

　子どもはしゃべればしゃべるほど、本音が増えてきますから、絶対にそこで怒ったり説教をしてはいけません。二度と本音は言わなくなります。

　どうせ叱っただけでは繰り返すのですから、本音を引き出すまで我慢します。

　「なぜ、弱いってことになるの」。もちろん、すんなりとは答えられません。本人だって明確に自覚できてはいないのですから。

　「弱いって思われるのは嫌なの？　じゃあ、M君にもそう思われたくないの」

　「いや、M君にそう思われるのはしかたないよ。でも、あいつにはそう思われたくないよ」

　「なぜ、あの子はだめなのかな。でも、何となく君の理由はわかってきたよ。なるほどね。今日は疲れたから、ここまでにして、明日また聞かせてよ」

　次回はまたなぜから始めます。

　私はこうやって問題行動の背景には、「人よりも上になりたい」という欲求があることに気づきました。「人より強くなりたい」と言い換えてもいいです。

　するとその子の得意なことや好きなことを見つけて、「人よりも上になれる」活動や機会をつくればいいとわかります。こうして指導方法が生まれます。

生徒指導のPoint

①他人の理論や実践を学ぶのではなく、指導方法のつくり方を身に付ける。

②とことん「なぜなのか」を繰り返す。

③例えば、「人よりも上になりたい」にたどりつく。

93

滝澤雅彦（たきざわ・まさひこ）
日本大学文理学部教授

ミュージシャンの道から31歳で教職の道へ。全日本中学校長会生徒指導部長、中央教育審議会専門委員などを歴任。現在、公益社団法人日本教育会専務理事、武蔵大学人文学部教職課程非常勤講師も兼ねる。
著書に『集団討論・集団面接』（一ツ橋書店）ほか。

藤平　敦（ふじひら・あつし）
文部科学省 国立教育政策研究所 生徒指導・進路指導研究センター総括研究官

20年間の高等学校教諭を経て、平成19年4月より現職。生徒指導の新たな指針『生徒指導提要』（文部科学省、平成22年3月）の作成コアメンバーおよび執筆者。全国の実践事例を積極的に収集・集約・分析している。
著書に『研修で使える生徒指導事例50』（学事出版）ほか。

吉田　順（よしだ・じゅん）
「生徒指導ネットワーク」主宰

横浜市で37年間公立小中学校に勤務。担任32年、生徒指導部長16年、学年主任13年を兼任。現在、「生徒指導コンサルタント」として全国の荒れる学校を訪問し指導方針づくりに参画。生徒指導にかかわる講演、著述、相談活動をしている。
著書に『荒れには必ずルールがある』（学事出版）ほか。

※所属・肩書等は執筆時のもの

「違い」がわかる生徒指導

担任・学年主任・生徒指導担当者・管理職・
教育委員会指導主事、それぞれの役割

2018年12月15日　初版第1刷発行
2022年10月13日　初版第2刷発行

著　　者　滝澤雅彦・藤平敦・吉田順
発 行 人　安部英行
発 行 所　学事出版株式会社
　　　　　〒101-0051　東京都千代田区神田神保町1-2-5
　　　　　電話　03-3518-9655
　　　　　https://www.gakuji.co.jp
編集担当　町田春菜
制　　作　精文堂印刷株式会社
編集協力　古川顕一
印刷・製本　研友社印刷株式会社

落丁・乱丁本はお取り替えします。
© Masahiko Takizawa, Atsushi Fujihira, Jun Yoshida 2018
ISBN978-4-7619-2520-8 C3037　Printed in Japan